创意影响力变现

[美] 塔尼娅·霍尔 ◎ 著

钱怡羊 范苏云 ◎ 译

天津出版传媒集团

天津人民出版社

图书在版编目（CIP）数据

创意，影响力，变现/（美）塔尼娅·霍尔著；钱怡羊，范苏云译. — 天津：天津人民出版社，2019.7（2020.7重印）
书名原文：Ideas, Influence, and Income: Write a Book, Build Your Brand, and Lead Your Industry
ISBN 978-7-201-11154-4

Ⅰ.①创… Ⅱ.①塔… ②钱… ③范… Ⅲ.①网络营销—通俗读物 Ⅳ.① F713.365.2-49

中国版本图书馆 CIP 数据核字（2019）第 261956 号

Ideas, Influence, and Income: Write a Book, Build Your Brand, and Lead Your Industry
Copyright©2018 Tanya Hall. All rights reserved.
Published by Greenleaf Book Group LLC
Simplified Chinese rights arranged through CA-LINK International LLC (www.ca-link.com)

著作权合同登记号 图字：02-2019-177

创意，影响力，变现
CHUANGYI, YINGXIANGLI, BIANXIAN
（美）塔尼娅·霍尔 著　钱怡羊　范苏云　译

出　　版	天津人民出版社
出 版 人	刘　庆
地　　址	天津市和平区西康路 35 号康岳大厦
邮政编码	300051
邮购电话	（022）23332469
网　　址	http://www.tjrmchs.com
电子信箱	reader@tjrmcbs.com
出 品 人	柯利明　吴　铭
总 策 划	张应娜
责任编辑	玮丽斯
特约编辑	杨　佩
营销编辑	陈　慧
版式设计	OG
封面设计	末末美书
制版印刷	三河市航远印刷有限公司
经　　销	新华书店
开　　本	710 毫米 ×1000 毫米　1/16
印　　张	16
字　　数	154 千字
版次印次	2019 年 7 月第 1 版　2020 年 7 月第 2 次印刷
定　　价	45.00 元

版权所有　侵权必究
图书如出现印装质量问题，请致电联系调换（022-23332469）

献给迈济和悉尼

赢得漂亮

引言

有些人旅行的时候总是喜欢戴着耳塞，因为在飞机上他们完全没有兴趣和坐在旁边的陌生人交流。而我不这样，我喜欢遇到新鲜的人，只要我的邻座愿意，我非常乐意了解他们的生活。最糟的情形就是在几小时的飞行时间里进行一场尬聊。然而这样的事很少发生在我身上，因为我有打破僵局的秘密武器。

当我告诉邻座我在经营一家出版社的时候，他们通常对此兴趣盎然。对话一般会从以下三种方式中的一种展开：他会告诉我他最近读过的，并且非常喜欢的书；他会告诉我他认识的某个人写了一本书；或者他会深吸一口气，然后告诉我他自己写书。

那些告诉我自己出版过书的人，通常都很害羞。"我觉得我写得不错，但卖得并不好。"他们总会这么说。或者他们认为自己的作品不够成功的原因在于出版人或是出版社，其实后者只不过是可怜的背锅侠。

当我了解了整个背景并通过谈话判断出他们的写作经验之后，我总希望自己能在他们出书之前就认识他们，这样我就能够为这本书的成功出谋划策。写书本身就是一个很大的挑战，作者们通常会很在意是否完成书稿的内容，但他们很少注意到之后的发行、营销环节才是最为关键的。

有很大的可能，我这辈子都不会在飞机上坐在你的身边，因此我希望你可以阅读这本书，用它作为你写作以及把你现有内容变现的资源，甚至利用它作为增加品牌价值和收入的跳板。

方法

我用一个简单的框架来帮助写作者充分利用本书提供的资源出版一本自己的图书。这个框架的支柱就是本书书名中的三个主题，即：创意，影响力，变现。

创意（Ideas），是指你想通过相关内容分享的知识或是思想。

影响力（Influence），涉及建立和影响你的受众。

变现（Income），将教会你如何发布你的内容并把其背后的理念和价值变现，以获得最大的回报。

这里提到的每一个部分都需要足够的重视，这样才能确保最后的成功。它们像是一个生态系统——任何一个环节的薄弱都会导致整个有机体的崩溃。对我来说最重要的是，这本书除了教会你如何出版自己的图书，我更希望你能学会怎样成功地推广、销售你的内容，从而使你为之付出的巨大努力得到最大的回报。

能够同时拥有这几个领域的知识和能力的人并不多，除非你从事这样的工作超过十年。正是这个原因，我鼓励你在遇到瓶颈的时候一定要寻求帮助，无论瓶颈在哪里。失去动力，只会让你的好创意陷入困境，最终变成一个在飞机上向邻座讲述的无聊故事。

为什么写书

我们生活在信息时代，随之而来的是信息超载。

人们被推销电话、垃圾邮件所淹没，信箱、电子邮箱、电视里的各种令人讨厌的宣传资料使人们的生活混乱不堪。人们受够了！那些推销广告页被直接扔到垃圾桶里，电子邮件没点开就都被删除了。

那么，专家或是有远见的人要如何冲破这种信息乱局来传播他的想法，并且和受众建立联系呢？答案就是：写一本书。

你是否曾经遇到这种情形：当你试图清理家中物件的时候，抓破脑袋却不知该怎么处理你的书？书籍有一定的神圣性，一种高感知价值，让人们不愿丢弃它们，就好像它们有生命一样，这正是作者所赋予的。成为一名作家会使你脱颖而出，变身为专家，和其他传播信息的人区别开来，进入更高层次。

写书也能帮助你更好地理解如何为你的受众服务。在本书的"创意"部分，你将学习如何通过写作过程清楚地了解你所服务的受众，以及如何利用他们的反馈来优化你在呈现信息时所选用的角度。毕竟，图书发布也是产品发布，它值得投入大量的时间去锁定那些正确的信息。

当然，书是我们构建影响力和变现的支柱。随着强而有力的图书推广带来的知名度和可信度的提高，你在书中所创作的内容将会被重新用于无数的工具和新产品之中，它们都将成为你的"伟大的想法"的坚实基础。

这本书适合你吗

本书的框架，是为那些打算用自己的作品来支撑更大的品牌成就的非虚构作者而专门搭建的。尽管如此，虚构作品的作者会发现，书中的大部分内容也同样适用于他们的工作，尤其是在创意和影响力方面。

本书所阐述的概念，也适用于那些已经完成写作，但还不确定如何进行推广的作者——甚至还包括那些已经出版了图书，但结果并不理想的作者，他们正在寻找新资源，为展现他们图书的价值注入新的活力。虽然书中没有使图书迅速畅销的良方妙招，但你肯定会学到一些东西，它们可以帮助你从工作中收获更多。

无论你是从头到尾通读这本书，还是只聚焦在那些可以帮你开发、提升或者增加价值的内容，我还是要提醒你，如果你觉得压力很大，就去寻求帮助。我之所以重复这一点，是因为我看到过很多作家做得太多、太快，在他们的作品有机会发挥出潜力之前已经耗尽了精力。要有耐心、有策略，明智地为你的作品制订一个适合整个生命周期的计划。我将在后面为你提供所有需要的工具。

感言

我经常告诉我服务的作者们，在销售图书的时候要考虑他们要读者做什么。这可不是说服别人花几十元钱买你的书那么简单——几十元算不上一笔大数目，而是要说服他们为了你带着兴趣花两周的时间，或者更长时间去读完你的这本书。作者最大的难关是思想的分享。

针对这一点，本书特为你提供了一个写作、出版、推广并且使你的创意变现的路线图。阅读这本书你可能需要花费两周多时间，但要实践这些想法还需要更长的时间。我母亲曾经说过，"容易的事情很少是正确的"，用在这里感觉很合适。

在某种程度上，《创意，影响力，变现》能帮助将你的想法成功地变为现实，我很乐意为此做贡献。希望有一天在飞机上，我能坐在你的旁边，为你的成功而干杯。

目录

Part1 创意：把你的想法变成一本书

01 拥有创意的重要性　002

02 别害怕失败，大胆去写　022

03 有意识地为树立品牌而写　035

04 制定你的创作策略　053

05 现在开始高效创作　067

06 保护你的知识产权　081

Part2 影响力：打造你独一无二的个人品牌

07 构建你的社交平台　096

08 和目标受众建立真正的联系　116

09 平台赋能塑造个人品牌　　140

10 执行内容发布策略　　148

Part3 变现：多维度打开你的财富通道

11 拟定合适的变现形式　　180

12 实现内容价值最大化　　198

13 不要止步于畅销书作家　　231

结论：你的内容很重要　　239

致　谢　　243

创意，影响力，变现

Part1
创意：把你的想法变成一本书

INFLUENCE
AND INCOME

01 拥有创意的重要性

人们能够抵挡武装的入侵,却阻挡不住思想的渗透。

——维克多·雨果

所有的书籍都是从一个想法开始的——从一个概念或是一种思想逐渐成长并壮大：

我想要帮助人们为退休做储蓄计划。
我想要教人怎样变得健康。
我想宣传一项社会事业。

无论这个想法是什么，它诞生的那一刻就有潜力变成实际行动。这是对未来的展望——在绝大多数情况下，是对一个更加美好的未来的展望——但还不是以一种具体的形态存在。想法这个词表明，那个更美好或是崭新的未来有着成为现实的机会。下一步，就是紧紧抓住这个契机，努力将其变为现实。

你会基于这个想法成立一家公司吗？或者会录制一段视频，主办一项活动，开设一个博客，筹集资金，写一篇新闻报道，写一本书吗？

你的想法迅速地产生动能，也就意味着你需要从战略高度去思考如何能最大限度地发挥它的作用。

对很多作者来说，写书在把他们的"伟大的想法"带入现实的过程中，扮演了极为重要的角色。书的出版常常不是最终目标，然而却是让作者成为专家、帮助作者接触更多受众的策略中的一个环节。

乔·克罗斯就是一个完美的案例。他是果蔬饮食方面的专家，年近四十，曾一度超重几十千克。当他试图想象20年后的生活时，他完全无法接受。

于是他决心重新调整自己的生活方式，回归果蔬饮食。

通过果蔬饮食，乔的健康状况大为改观，这个想法显现出了成效，于是他决定把这个方法跟更多的人分享。从他成功的纪录片《肥胖，疾病，濒临死亡》开始，接着，通过附加指导业务、建立线上互助小组、提供果汁食谱，当然还有图书，他的想法进一步发展壮大。

乔的愿景是，利用这部纪录片的成功，在两年出版四本书。但是按照传统的出版速度，这个规划不太可能实现。从选择经纪人、寻找合适的出版社，到最后把内容制作出来，这个费时的周期，纪录片的影响力早就销声匿迹了。更重要的是，他可能早已失去了对各种信息和设计的控制能力。在精心地打造了自己的品牌形象后，他决定不把书交给别人做。

于是乔和他的团队决定自己动手来制作这套书。他们迅速地写出初稿，并和格林利夫出版集团合作，在很短的时间内就把书推向了市场，同时，包括创意在内的一切都在他们自己的控制之中。这些图书的迅速出版，使得乔一直在受众面前出现，并且和他们建立了更深的联系，而不是在纪录片的影响结束后便从公众视野消失。

更重要的是，这些图书成为一种工具，可以为读者提供极其有用的内容——食谱、操作方法、灵感——这使得乔的伟大的想法的核心得到了更充分的体现。

当我遇到不理解维护其内容版权价值的作者时，我经常会和他们分享乔的故事。因为乔选择了一个不限制他如何使用内容的"出版"模式，他能够控制更广泛的知识产权策略，利用它来更好地服务自己的想法。乔拥有并掌控着他所做的纪录片内容、博客内容以及他所分享的食谱，它们共同为他的个人品牌以及更高的目标服务，你的图书为何不能做到呢？

我的观点是，如果作者的创意可操作，那么为这个创意服务的最保险的人就是作者自己。

这本书就是写给那些像乔一样的作家的，他们打算用热血、汗水和泪水来著书立说，把自己的想法推广出去，并获得最大的影响力。

为什么意见领袖①的地位很重要

如果乔的故事还没有把我的观点阐述得很清晰,那么可以这样理解,各种各样的伟大的想法往往都会以意见领袖的形式出现。你可能会想,专家、意见领袖的世界,是不是有点言过其实?

这些词汇你已司空见惯,但它们的流行并没有降低它们在当今媒体格局中的地位。在帮助读者和消费者找到他们能够信任的声音方面,意见领袖将会继续发挥重要的作用。

在你着手探索这本书中介绍的路线图,以奠定自己意见领袖的地位之前,更为重要的是,先要知道你必须投入时间、精力去实现这一目标的原因。

意见领袖能帮助他人做出决策

在便利的生活环境中,我们被各种选择所淹没。整个世界都在我们键盘的另一头,我们不再需要亲自去当地的杂货店购买柔顺剂,我们可以在网上订购有机的、无味的、无防腐剂的织物柔顺剂,一小时内就会有人将它送到家门口。我们还可以与世界各地的商业咨询师进行合作,或者在网上观看个人培训视频。我们的选择变得更

---

① 意见领袖:指的是在人际网络中为他人提供信息并能对他人产生影响的人。

加多样。

正是这种选择的多元促使人们走向意见领袖，在人群中找到一个他们可以信任的声音，帮助人们把适合自己的商品和服务联系起来。那些想要从"果汁革命"中获得好处的人，不需要花时间去研究买哪一款榨汁机，乔·克罗斯的网站上就提供了他最喜欢的那些商品链接。

关于个人品牌和思想领导力，我们经常忽略的一点是，它与你拥有的追随者的数量无关，关键是和他们真正地建立联系。今天，在信息如此庞杂的环境中，这种联系是无价的。

最强大的意见领袖拥有巨大的影响力，是因为他们与受众建立了强而有力的联系，而不是因为他们神奇地积累了社交媒体上200万的粉丝。他们经常表现出对某个话题的热情，并自由地分享他们的知识。此外，他们还会倾听受众的声音并与受众们互动。

例如J.K.罗琳，大家都知道她经常在社交媒体上回复粉丝的信息，并回答他们关于《哈利·波特》里面一些情节的问题。

保罗·柯艾略是《牧羊少年奇幻之旅》的作者，这本书在《纽约时报》畅销书榜单上雄踞了300多周。柯艾略多年以来一直坚持写博客，每周至少更新两次，内容从故事到评论不一而足，这些都有助于培养他的读者并与他们保持紧密联系。

我经常劝说那些对以意见领袖的身份打造个人品牌表示迟疑的作

者，从本质上看，这不过就意味着去找到你的读者和客户，并与他们交谈。并没有那么吓人，对吧？

在嘈杂拥挤的网络环境中建立信任并不容易，可一旦赢得了受众的信任，意见领袖就会产生巨大的影响力。

意见领袖能促进改变

偶尔，也会有一些意见领袖因为过于专注赚钱而受到批评。还有一些意见领袖成功地赢得了受众的信任，但很快就会因为没有给他们带来任何有价值的东西而被抛弃。

然而，根据我的经验，这种类型的意见领袖并不常见。我遇到的人当中，更常见的是真正想要对这个世界和其他人产生影响的人。他们在特定的主题上有着渊博的知识和丰富的经验，他们想要让这些知识使他人受益。

在这些情况下，意见领袖的媒体渠道就是他们分享信息的工具，通过文章、主题演讲、社交媒体。媒体采访接触的人越多，可能得到帮助的人就越多。

再回到乔·克罗斯的例子。他最主要的目标是帮助人们通过果蔬饮食过上更健康的生活。在他的一本书里，他分享了一些读者身材变化的对比照，以证明这些读者是如何因为自己的食谱而改变了身材的。

这也可以延伸到企业的领导力教练帮助组织更有效地运作，或者慈善家试图提高人们对其事业的关注。意见领袖有很多的机会去影响受众的生活和事业，虽然本书中我们讨论的许多步骤都集中在收入问题上，但重要的是记住努力背后的原因。

的确，很难用投资回报率来衡量一个人生活的改变。

意见领袖能掌控自己的未来

我们已经明确，意见领袖可以为其所服务的受众做很多了不起的事情，领导力很重要的一个原因是它给意见领袖带来了机会。

你是否有过这样的时候，你会想：
如果能依照我自己的时间表来安排工作多好！
或者，认为：
要是能在斐济工作有多好！

在由自由职业者和每周热衷于只工作四小时的人士所构建的现代"零工经济"中，我们看到大多数人的生意是建立在他们个人周围的。尽管有些人已经想出如何扩大规模，但他们通常还是会依靠一己之力经营商铺。他们的生活方式让他们拥有悠长的假期，如果他们愿意，可以远程工作，很多时候他们只是为了有更多的时间陪伴家人。

不过，要想拥有这样的生活方式是需要做大量工作的。你不能在门上挂一块"意见领袖"的牌子，然后就去斐济旅游了（好吧，也许你可以，但事情就不会按计划进行了）。你需要付出巨大的努力来建立你的追随者队伍，但相比朝九晚五的工作，在时间表以及未来发展方面，你肯定会获得更多的掌控力。

你准备好写作了吗

无论你已经是一个成熟的意见领袖，还是刚起步的新手，出版一本图书都会是你建立自己专家身份的基础，这个观点是本书最优先关注的问题。

写一本书需要投入大量的时间和精力，在大多数情况下也意味着大量的金钱投资。你怎么知道自己是否已经准备好迈出这一步了呢？

在投入之前，有六个问题你要问问自己。在这本书的后面部分，我们将在更深入、更量化的层面上重新审视这个话题。现在，我鼓励你拿起笔记本，记下你的答案，以便在完成图书创意的过程中做简单的参考。

你想写什么

如果你没有马上得到答案，没关系，我将通过这本书来帮助你解决这个问题。大多数作者一开始都只有一个模糊的概念，比如"营销策略"，然后以此为基础逐渐开始构建内容。把注意力集中在你的经验和成功经历上，就会让内容雪球滚动起来。

一旦你有了想法，就可以创建一个头脑风暴文档，在那里你可以列出一些你觉得可以轻松谈论且较为具体的话题——也许是别人向你寻求建议或见解的事情。先不用担心提纲，我们稍后再讨论这个问题。这里的关键是定义一个准备述说的一般性主题。

你希望你的书能达到什么目的

很多作家都把他们的书当作招揽生意的名片，但不是说你非要成为企业家才能利用写书为自己谋利。

如果你是一个有抱负的演讲者，你希望通过书来获得更多的机会吗？也许你是一位想在公司品牌之外建立个人品牌的高管，也许只是想成为一位畅销书作家。

答案没有对错之分，但是在你继续这条路之前，考虑清楚你的目标非常重要。出版一本书需要投入大量的时间和金钱，明确你的目标将有助于确保你不会浪费其中的任何一样。

谁是你的受众？你准备好和他们对话了吗

设想并描述你的目标读者。在着手写作之前，试着分析一下他们的思维模式。他们的痛点是什么？他们希望学到什么？他们在哪里遇到瓶颈？你如何帮助他们？

这是使写作保持连贯性和更具针对性的重要环节，格林利夫出版集团的品牌团队会定期创建读者档案，以帮助作者回答以上问题。品牌团队会为作者的某种特定图书设定两到三种不同类型的读者角色。

虽然你可能还不太需要花费数小时来研究这些角色的设定，但你可以思考自己现有的平台受众的特性以获得一个良好的开端。现有社交媒体上的那些粉丝都是什么类型的？谁会分享你写的文章？或许在一些偶然的机遇下你已经创作了一些相关内容，都有谁阅读并且参与其中？

如果你和读者的互动不是那么积极，那么从现在开始吧。从简单地发布博客开始，把你的触角伸出去。这不仅有助于了解你写作所服务的对象，也能够帮助你确保图书出版之后拥有一定的需求基础。

为什么是你

你现在已经知道了你想写什么，为谁而写，因此是时候做一个诚实的评估，来看看为什么传递这些信息的最佳人选是你。

你有资格去写你所选择的这个主题吗？你在这一行工作了很多年吗？你创造了新事物吗？你成功的方法是否有什么特别之处？或者你是否在这个主题方面进行了大量的研究？如果有其他人也写了同样内容的书，他们疏漏的部分是什么？

"为什么是你"，这个问题也会帮助你明确自己的不同之处。相比读者从现有的文章、图书、播客等渠道获得的内容，你这本将要投放到市场上的书有什么不同之处？

为什么是现在

目前市场对你的专业领域有明确的需求吗？你的读者是否对了解你行业中某个特定领域的信息有着越来越多的需求？你是否预见到技术、政治或经济趋势将会使这个行业发生转变？

大多数非虚构书籍都想为读者提供及时、有用的内容信息，但如果你能够预见他们未来的痛点，并帮助他们提前避免某些问题，你的书将获得强大的竞争优势。

你比大多数人更了解你的领域，所以认真花些时间思考一下它未来的走向，弄明白怎样使自己成为读者在这个特定领域的求助对象和长期信息资源。

这个创意的最佳呈现方式是什么

视频、博客、社交媒体、播客、文章……现在有很多方法可以把想法分享给读者并了解他们的兴趣程度。如果你已经回答了这一节的前几个问题，那就用这个来挑战一下自己：我能把我所有想说的东西都写在博客上吗？写一个系列博客呢？一个推文系列又会如何呢？

许多读者指出，一本书里面只有30页是有价值的信息，其余部分都是重复和毫无价值的内容。在你开始写作之前，必须确定你对这个主题充满了激情，拥有独到的见解，内容充满了有价值的信息、逸事、案例分析和建议。

重新整合已有的内容对编写图书来说是一种很有用的方法，如果没有足够的内容充实进来，那就要彻底想清楚读者的需求，然后起草一些简短的材料。把你的作品转换成其他形式来呈现，你的声音和内容会随着时间推移而得以同步。

书籍之所以成为一种非常有价值的品牌资产，原因之一就在于写出一本书并将其成功地推到市场是很艰难的。回答了这些问题，写作的过程将会变得容易一些，对出版过程中的某些方面也会有所帮助。

了解出版模式

如果这时你能确定出版图书是下一步合理明智的选择，那么从一开始就弄清楚你的出版选项是非常重要的。如果你倾向于自助出版，那么你得明白，着手推进这本书，你要亲自处理所有灵活的部分。另一方面，如果你知道你想要的是传统方式，你的关注点应该放在书稿和平台的建立上。顾名思义，混合型模式介于两者之间。

在美国，出版有三种基本模式：自助出版（包括数字出版）、传统出版和混合出版。在这本书的后面部分，我们将讨论每种模式的优点和缺点。我们还会提供一些指导，帮你确定哪种模式最适合你，但是现在，我们将对这三个基本模式进行概述。

―――― 传统出版 ――――

做了这个选择，作者就把版权卖给了出版社，因此将获得预付款，可能还会获得版税。谈判通常是由经纪人来进行的，他们与编辑有联系，会收取一部分预付款和版税作为其提供帮助的酬劳。

由于出版商承担了成本以及大部分的风险,所以作者对这个过程的控制就会很少。

自助出版

在过去的10年里,自助出版的发展势头迅猛,许多人称赞它是出版业的民主化。在这种模式下,撰稿、制作、营销和推广等大部分工作(即使不是全部也差不多了)都落到了作者的身上。

大多数自助出版的作者使用线上平台发表和推广他们的作品。作者的所有权和付出的汗水换来了一定的好处,作者可以完全掌控自己的创意,并最大限度地降低销售利润减少的可能性,但分销渠道却很有限,而且出版过程可能会令人不堪重负。

虽然自助出版不再像过去那样名声不佳,但这些书仍然带有业余品质的标签。不幸的是,这些出版物当中的大部分的确是这样:品质不够专业。大多数自助出版的作者在处理出版过程的各个环节时都是处于真空之中,从写作到编辑,再到设计、市场营销、品牌化和图书销售,几乎没有人能够按照书商和读者所期望的专业水平来完成这些相关的工作。

混合出版

混合出版模式是相对较新的事物(美国第一家混合出版公司——格

林利夫出版集团，成立于1997年），至少与出版业发展的整个历程相比是这样的。

虽然没有任何两种混合模式会完全相同，但它们都融合了传统出版和自助出版的元素。例如，格林利夫出版集团提供编辑和设计工作，并积极向全国的零售书商推销图书（这类似于传统出版商），同时允许作者保留自己的版权，并与他在创作过程中进行合作（这类似于自助出版）。

每个选项都有自己的优点和缺点，这意味着所有作者都应该花些时间从个人目标和优先顺序的角度来了解这些选项。

为什么混合出版适合大多数的意见领袖

我写这本书是基于我十多年的从业经验，这些经验可以用来帮助意见领袖通过混合模式开发和出版他们的作品。对于那些视知识产权为谋生手段的作者来说，这是一个很受欢迎的选择，因为从版权、创意控制、运作速度和获得更高的版税等方面来说，它都具有无可比拟的优势。

当然并不是每个人都适合这种选择，尤其是那些不愿冒险的人。但是，如果你阅读这本书是因为你致力于打造意见领袖的个人品牌，那么这种出版形式就是你的同行有充分理由一致采用的模式。

在格林利夫出版集团的混合出版结构中，作者完全拥有对其内容的控制权利，充分表现出允许作者控制其作品的重要性。因为这意味着，如果作者想要将其创意内容通过其他的新方式来赚钱获利，无论是做主题演讲、在线学习课程、培训项目、制作纪录片还是开发成玩偶，都完全没有障碍。

你拥有这个创意，人们通过不同的方式来学习和消费这些内容。如果你的创意是你的生活来源，那么当你完全拥有其所有权和控制权的时候，你才最有可能让它为你赚钱。

需要和版权代理人合作吗

在出版过程初期一个常见的问题是："我需要一个版权代理人吗？"答案取决于你的目标、体裁、资源，以及前文所提到的出版模式的选择。

如果你正在进行传统的出版交易，那么代理人是必不可少的。在美国大多数传统出版商不接受来路不明的稿件，这意味着他们只接受他们约的稿件或者是由信誉良好的代理商推荐的作品。代理人充当的不仅仅是中间人——他们也是涌进出版社的数以百计的稿件的第一道防线，否则出版商将不得不自己筛选——当出版社准备购买你的图书版权时，代理人也会代表你和出版社谈判并最大限度地维护你的利益。

如果你是自助出版或直接进行独立出版，那么可能就不需要代理人。如果是自助出版，就没有预付款需要协商，也没有相关利益方的协商过程，那就不需要中间人。独立出版商经常接受作者的投稿，并且直接与他们签订合同。他们通常不要求在这个过程中的任何一个环节由第三方来代表你——尽管你应该让律师在你签字之前看一看合同的内容。

如果你已经决定了要找一个版权代理人，那么就先做做功课，学习接触代理人的最佳方式，并确定哪类代理人能代理你这种类型的作品。首先查看一下相关网站和杰夫·赫尔曼的同名作品《杰夫·赫尔曼关于图书出版商、编辑和文学代理人的指南》（当然，你需要根据自己所处文化背景做出判断）。

如果与代理人一起工作更适合你，那么你要知道，找到适合的代理人是需要花费时间的。出版既是关乎个人喜好，也是关乎高质量写作的事情——这使得你有必要花时间去找一个真正懂你，并且能为你以及你的工作提供热情指导和建议的专业顾问。

创意的力量

努力使自己成为一个意见领袖，表明你全身心地投入你的专业领域，以至于有一股力量推动着你与他人分享你的热情。有时，你会觉得自己好像完全沉浸在自我的世界里。没关系，事实上，这是恰当的。一个人通过思考、感觉、意愿，将自己与他人区分开来。这正是我们在这里所追求的。给你的"自我"一个拥抱（一旦开始市场营销的操作就需要它了），继续吧！你正在从事一项重要的工作，它将巩固你的个人品牌并影响他人的生活。

当你回答完我们刚刚提出的那些问题之后，你就可以决定是否要着手写作了。请始终记住，这些问题是帮你制定写作方向的。也许你觉得还没准备好写书（或者你已经准备好写作，但是对后续的市场推广还没有做好准备），但你已经准备好写一些短文、博客，甚至是制作视频来点燃你的内容，如果是这样的话，我建议你早一点分析到底哪一种呈现内容的方式最适合你。

本书仍然会是你整个创意及执行过程中的好帮手。

最后，如果已经知道你适合哪个出版选项，以及你是否需要一个代理人，这当然很好，但是如果你的答案没有马上跳出来，那就不要在你的创作之泉奔涌的时候纠结于这个问题。写作是一个艰难的旅程，所以如果写作灵感来了，那就尊重它，立刻写下来，不要去担心你的话语最终会如何传达给读者，这些都可以在以后解决。

我们已经谈到了一个意见领袖可以对其受众产生持久的影响，但我们仍要花点时间来反思一下创意的力量。

创意是种子，孕育并成长在那些为改变世界而进行的革命和运动中。如果没有电脑，我们现在的生活会是什么样呢？如果没有所需的电池和电力呢？或者如果没有人权的概念呢？创意不是非要以物质的形式表现出来才能对我们的世界产生巨大的影响。

这些伟大的创意都是开创性的。但正如每个商人都可以证实的那样，时间就是一切。当一个创意在你准备好接受之时迸发出思想的火花，特殊的魔法就会产生，所有影响它的外部因素都会按照对你有利的方式结合起来。

当这些因素全部聚齐的时候，你的工作潜力就会成倍增长。因此，如果一个创意刚好在这些条件符合时出现，一定要抓住它，尽你所能地去打磨并实现它。

INFLUENCE
AND INCOME

02 别害怕失败,大胆去写

你必须去做那些你觉得你做不到的事。

——埃莉诺·罗斯福[①]

[①] 埃莉诺·罗斯福:第32任美国总统富兰克林·德拉诺·罗斯福的妻子。

在我与那些作家以及潜在作家合作的12年里，我看到竖在他们和终稿之间的第二大障碍就是他们害怕分享想法（稍后再谈最大的那个障碍）。无论这种害怕是出于对被拒绝的恐惧，还是害怕其他人窃取他的创意，或者是两者皆有，许多人都以保护自己的想法为借口，把努力启动与之相关的工作放在了次要位置。

要不这样，你可以坐在你的想法上，梦想着它的潜力，交叉你的手指开始祈祷，寄望在此期间不会有人跳进这个画面，窃取你所想到的确切标题和标语；或者制订一个计划来应对并摆脱阻碍你的恐惧。

对失败的恐惧是一种真实的、多维度的力量。有时，我们害怕失败，因为梦想给了我们希望，如果我们把梦想变成现实，而它却失败了，就好像希望即将从我们的生活中消失。其他时候，失败的形式则是批评，不论它来自阅读的大众还是编辑。

如果你对失败的恐惧的确是因为害怕失去希望，那就先停下来，盘点一下你创作这些内容的所有原因。你与他人分享你专业知识的努力源于一种期望，那就是帮助他们实现自己的目标，帮助他们从你的经验之中获得丰富的知识、受到深刻的影响，以及随之而来的可观的收入。如果你能赋予另一个人力量，你的希望就可能会实现。

当然，只影响一个人并不是所有这些工作的重点，我们要努力影响许多人。因此，让我们从商业角度来考虑对失败的恐惧，就像刚创业的创始人一样。任何研究这个领域的人都知道，典型的创业模式都会有一两个围绕价值定位的关键点，有时甚至还围绕整个产品的发布。一位创始人可能打算将"优步为宠物美容服务"的概念引入市场，但只有进行了市场调查之后才会发现，市场真正需要的是"优步为宠物出行服务"的概念。创始人没有放弃，相反，这正是他们的团队回到绘图板前，处理这些受众新鲜的反馈意见并有所行动的时候。

如果你的创意推出后反响平平，那接受反馈并改进也是立马要做的。你可以在博客上测试你的内容，找到能引起共鸣的素材；你也可以在把创意写成书稿之前，在小型的主题场所或类似的地方尝试一些主题演讲。即使是在内容发布之后，你也可以通过新的营销视角和营销语言来修正你想传播的信息。

就像初创公司的创始人一样，你可以在你的内容上进行调整，并继续朝着成功的方向前进。

对失败的恐惧往往是因为害怕如果事情没有按计划发展，自己不知道要怎么办。找到解决这个问题的答案，本书将帮助你创作一部成熟的作品。然而，如果受众没有按计划对你的作品做出回应，你就要快速地转变方向并寻找一条新的路径——你要将你写作过程中所做的工作（以及由此产生的反馈）作为基础，来开展下一步的行动。我们将在本书"影响力"部分对如何重新定位你的内容进行深入讨论。

为了取得成功我们不得不面对编辑和批评。批评就是编辑的助手，所以这两者有重叠的地方，但处理起来的体验又是完全不同的。

克服对批评的恐惧，尽早获得反馈

尽早分享你的创意对它的成功非常重要，其中原因有很多。首先，你需要反馈来完善你的想法、改进描述或是推销它的方式。每个人对自己的想法有个人偏好是可以理解的，也必须是这样的，否则你就没有信心去推动它。但有时我们也会犯错，会把我们自己的偏好投射到更广泛的受众身上，而这些人实际上并不认同我们的观点。尽早发现这种情况的最好办法是，在发布之前从可信任的团队那里获得反馈。如果你在推广时遭遇困惑或是缺乏热情，必要的时候利用他们的反馈重新调整你的想法。

你还需要得到支持和一个强大的人际网络，所以不分享你的想法可能意味着错过合伙人、合作机会、聘用机会，甚至被投资者选中的机会。

最后但也是很重要的一点是，大声向别人说出你的想法会产生一定程度的责任感。一旦我们把自己的意图告诉别人，我们中的许多人就更倾向于有所行动。如果你对事情不太积极，那就先告诉几个值得信赖的家庭成员你在做什么。

想在对分享想法的恐惧和对反馈的需求之间找到平衡，有一个好办法，那就是专注于分享为什么，而不是分享如何去做。你为受众解决了什么问题？你是否满足了受众的需要？请记住，执行力是开启成功的秘诀……除了投资者，大多数人并不关心你是如何去做的，他们想知道的是，你正在做的事会不会让他们的生活更轻松或更美好。

这也是运用定位手段和已知实体相比较的一个好理由——"就像是吼出来的创意服务"，不必去解释业务的功能部分是如何运作的，你只需要关注新的视角和所服务的市场。

用阿纳托尔·法朗士[1]的话说："人们的生存是靠行动而不是想法。"你的想法只是种子，反馈和执行力是使种子茁壮成长的光和水。

对批评的恐惧（如何处理、何时倾听、何时无视、糟糕的评论现实）通常都是势不可挡的。写作可能是一个非常可怕的过程，无论你是写一本书还是一篇文章，你把你的想法展现给你的受众，让他们参与——也许还会批评你的作品。

出于这个原因，作者通常会对他们的内容保密，只有在自己感觉完美和完整之后才让其他人阅读。

---

[1] 阿纳托尔·法朗士：法国小说家，1921年诺贝尔文学奖获得者，代表作《诸神渴了》《天使的叛变》等。

保留你的想法以及创作的私密性的缺点在于，如果你不早点与恰当的人进行分享，就会失去有价值的反馈。而如果没有早期的反馈，越到后面你可能会发现作品里的整个结构都需要重新修改，因为你根本没有全面地考虑过其中的概念。因此，你需要花很多的时间来纠正错误，就像写初稿那样。

一旦你开始敞开心扉，就要谨慎公平地对待每个人的反馈。你必须意识到反馈有多种形式，如果你把所有的建议都牢记在心，那你可能会丢失自己的声音和信息。

当你准备好投入你的下一个写作项目时，请记住这些想法，确保在还来得及的时候得到正确的反馈。

克服对编辑的恐惧，让内容更完美

害怕读者的负面反馈合乎常理，因为你是在为他们写书。在撰写和推广一部作品的所有工作完成之后，可以理解，读者的一个负面反馈会比十个正面反馈的影响更深远，这是我经常在我的作者身上看到的现象。

而担心编辑的反馈则是不合理的，然而，这也是许多作家所面临的现实情况。确实，为了在早期得到反馈，你必须展现你的作品，这会让你处于一个被攻击的位置，但要记住，编辑是你的合作伙伴，这一点很重要。下面是一些与编辑合作的要点，会让这个想法更容易被接受。

编辑是协助者

编辑是出版界的幕后英雄。他们的工作需要他们有庞杂又专业的知识，既能理解作者又能站在读者的角度考虑问题。他们拥有非凡的耐心以及对文字艺术永恒的热情。

这些写作的拥护者想要成为你的支持团队，而不是吹毛求疵的"坏蛋"。编辑工作通常是典型的协作过程。在自助出版和混合形式中，因为作者承担了大部分的风险和对创造性的把控，这种合作尤其需要协作。但即使是在传统出版中，经验丰富的编辑也明白这是你的书，他们会客观地提供正面的建议和批判性的反馈。

编辑是读者的代言人

编辑在阅读你的作品时，心中一定会装着一个人，那个人不是你，而是你的读者。

是否有专业的投资人对你的投资组合进行过评估，对你应该如何使用现有资源提出过建议？你的投资顾问思考的是如何让你的钱在市场上表现良好，给你带来更大的回报。

同理，你的编辑正在评估你在文字上所做的投资，以确保它在市场上（读者群中）表现良好，也会给你带来好处。

编辑提出建议是为了把书做得更好，而不是批评你作为一个作家的能力。不要情绪化地对待他们的反馈！编辑们面临的挑战，是他们必须从读者的角度来考虑问题，这些读者也许是第一次接触你的想法或概念。读者对你现在熟悉的内容领域的概念、使用方式可能低于你的水平。否则，他们就会是写这本书的人，而不是读这本书的人了。

这使得编辑工作至关重要。作为一名专家，你也许很难记得作为一个门外汉初次接触你现在熟悉的知识领域是个什么感觉；你可能想当然地认为你的受众应该理解某些概念、缩略词和行业规范、发展趋势。但是为了送达和影响到适合的受众，你通常需要退后一步，重新调整你的写作，这对一个和你持有不同观点的受众来说，是有效的。这个过程绝对需要可靠的编辑来辅助完成。

让编辑完善内容

考虑到你的作品在编辑眼中的缺陷以及编辑工作的重要性，你应该感觉到他们是值得你信赖的伙伴，因为他们能理解你的声音和用意，这一点至关重要。

作者有时会对编辑的费用感到畏缩，但这是一个你付了钱就会有所回报的事情。如果每有一个作者跟我说，他的书本来已经完成了编辑工作，但经过有经验的编辑团队评估之后，他意识到还有大量的编辑工作要做，就给我五分钱的话……好吧，我不是说我会发财，但肯定够我请你们所有人喝上一杯的。

尊重你所做的工作，给它一个"战斗"的机会，让一个经验丰富的编辑来完善它。

仔细审查编辑的修改

闭上你的眼睛，回想一下你的高中或大学时光。你还记得你所写的某篇特别的论文，不论是颇有新意的还是评论性的，你通常都非常担心教授的反馈，对吧？

这些反馈可能会以红笔批注的形式出现在你宝贵的文字上，也可能是以电子文档的形式发送到你的邮箱。

那些批改的红线、编辑或是注解，最初在视觉上可能会让人难以接受。但你的眼睛看到的只是编辑的数量，而不是编辑的本质。所以，如果你一直以来被告知行间距为两行，而你的编辑将其改为一行，你的书稿乍看起来可能一团糟，但是经过仔细的审查，你会意识到通常要处理的只是一个技术性问题而不是内容上的问题——这就更容易解决了。

不要被红线批注的视觉观感吓到。你的编辑往往会对修改的性质提供总结性的反馈，并且给整部手稿中出现的技术错误（类似于一段之后应该空两行）提供建议。打一个简短的电话，和编辑沟通反馈意见，对回顾修改之处的来龙去脉以及如何改进会使最终的成品更好，是非常有用的。

克服对被剽窃的恐惧，争取获得最有效的反馈

像作者一样，企业家也是被创造力和创意所附能的一群人。和作家一样，企业家也可能被恐惧和不信任所束缚。这种恐惧常常超越了对批评的恐惧：他们经常担心有人会窃取他们的知识产权。

对于有这种恐惧心态的作者，我告诉他们的第一件事就是，要记住：一个创意的力量在于执行力。这在商业中也同样适用。创意和实现之间最大的障碍是根本没有去执行，甚至没有开始。而那些善于开始行动的人，你猜对了，都在忙自己的事情，几乎没有时间去窃取别人的想法。

抛开那些不行动的人，执行的效果与你和你的经验所带来的独特方法有关。在构建商业模式、产品发布、营销策略、品牌营销、公司文化等方面有无数种组合方法——但只有一种组合是基于你的经验和理念所做出的选择。你自己和你的背景是你竞争优势的组成部分。

另一个需要考虑的问题是，如果你的想法很容易被人窃取，那么你面临的可能是另一回事了。在没有你的指导、你的知识、你的关系等的情况下，就很容易被窃取和实现的东西是难以占据市场优势的。大多数情况下，你需要花费时间去了解你的市场；长远来看，你会创造出更好

的产品，你不一定非要通过抢先进入市场去获得成功。正如常言所说，拓荒者得到了利箭，而后来者得到了土地。

你自然不希望与随便一个路人分享你的内容，要有策略地选择进入你反馈圈子的人，这样也有助于减轻你对被剽窃的恐惧。

你想和谁分享这些内容

想要和我们生活中最亲近的人分享新的项目成果，这是一种普遍的倾向，无论是配偶，还是为我们的成功骄傲的父母和朋友。

而这些人也是最可能赞扬我们的人，不管我们需不需要。

通常我们会建议人们不惜一切代价避开这条路，但它在某些情况下会有好处。比如，你的父亲可能并不知道你所写内容的来龙去脉，但他或许是你最大的支持者之一，在你出现作家常遇到的瓶颈或者恐慌时会给予你鼓励。

请记住，如果你为了寻找支持而和某人分享你的文章，那么你就可以不去理会他们附带提出的反馈了。

你需要和谁分享这些内容

当你开始一个写作项目的时候，要列出一张你所信任的人的名单，他们很了解你所写的内容，这当中可能包括同事、伙伴、导师或是有经验的编辑。

你需要一些能实话实说的人，不像仅能给予你支持的父亲那样。这些人能理解你的目标和主题，最好是他们有准备评估你的想法，并提出质疑，他们会问一些发人深省的问题，并为你在修订的过程中节省大量的时间和精力。

在概述和拟定大纲的过程中与熟悉这个领域的编辑一起工作能让你有更清晰的前进方向，并且能够更快地完成写作。当他们开始宣传这本书并不可避免地遇到负面反馈时，工作也不太可能脱轨。

合理处理反馈意见

当你在早期得到反馈时，要心存感激并且花时间去倾听，不管它来自何方。与你分享他们想法的人是有他们自己立场的，但能给你反馈通常也意味着他们期许你取得成功。

也就是说，你要记住你所寻找的反馈类型。这些反馈是否有助于推动你前进？它是否开启了一个你从未考虑过的角度？

你要在脑海中对这些反馈进行分类，避免在没必要的过度思考和自我批评上花费太多时间。

认真思考向你提出了挑战的反馈。如果可能的话，专门安排一些时间给这些提出反馈的人，这样你可以更深层次地理解他们的想法，并权衡是否有可能把他们的观点整合进你的作品中。

把反馈当成创作者持续和天然的组成部分。一旦你把想法公开，你就会收到反馈，不管你是否想要它。

在完成一部作品之前冒出来的恐惧是合理的。它的表现形式多种多样，所有这些你都可以通过调整心态和利用相关工具来克服，以减轻其消极的影响。有了这些技巧，你就会学会接纳而不是害怕任何形式的早期反馈，更重要的是，要用一种对你有益的方式来管理它。

恐惧往往来自缺乏准备或对手头的任务不确定。在下一章中，我们将讨论一些重大问题，解决这些问题有助于我们先发制人，并帮助我们用信心和愿景取代恐惧。

INFLUENCE AND INCOME

03 有意识地为树立品牌而写

价格是你需要付出的,而价值则是你得到的。

——沃伦·巴菲特

通过本书，你将了解到用真实的声音去创造差异化信息的重要性，以及为这个信息建立受众所需要的持续工作。不要错误地以为你只要写好一本书，读者就会自动上门。尤其是非虚构作品，这种情况很少发生。要想把非虚构图书卖好，需要优质的内容、强大的品牌、强劲的发行以及营销策略。

在你着手写作之前，你需要认真回答关于差异化、潜在市场和竞争产品的问题。当然，你还需要对内容的价值进行强而有力的广告宣传。即便你选择自助出版，也不打算与代理人或出版商进行接触，这件事也值得去做。你的广告宣传越强势，你的个人信息和你书中提出的价值主张就会越合拍。

提到品牌时，我鼓励你问问自己——你解决的问题是什么，为什么要解决，为谁解决。

这些问题的答案将为你的写作和营销策略打下基础。你在前期对信息梳理做的工作越多，你就更容易维持这项工作。绘制一份品牌蓝图，并投入精力去充分理解它，不仅能让你专注于写作工作，还能最终管理采访、社交媒体文章，甚至是与始终如一的受众和目标建立合作关系。

明确目标受众

作为作者,第一项工作就是了解你的受众、为他们的需求而写作。如果这项工作做好,你的写作和品牌定位将会更有目的性、更有效、更切中要害——这也将是更成功的内容的基础。

当然,给品牌定位的关键部分是了解你的受众是谁,不管是从定性还是定量的角度。

哪一类人是你的潜在受众

首先,试着建立一个清晰的目标受众档案。你就可以从他们的人口统计数据、生活方式、目标、爱好等方面着手,弄得越清楚,你就越容易写出能让他们产生强烈共鸣的内容。从定量分析和定性分析的角度来抓住这个问题是很重要的,因为每个视角都能为你的创意和商业决策的信息提供帮助。

从定性分析的角度确定你的受众,问自己以下问题:

- 谁会对这个主题感兴趣?
- 他们住在哪里?
- 他们从事的是什么样的工作?
- 他们的兴趣爱好是什么?

● 他们现在是怎样获得这个信息的？

关键是尽可能地具体。仅仅说你的作品是面向"商人"是不够的。你可以说是"财富500强公司的中层经理"或是"零售行业的独立创业者",而不只是简单的"商人"。这可能会帮助你明确这部作品的市场机会,也将帮助出版团队孕育你的内容,使它的表达能够满足受众的需求。

当你完成这个工作后,你可能会很快地定义出你的主要受众。作为你所在领域的专家,你很熟悉你工作周边的客户群体。然而,在你的主要受众之外,你还会有第二层,甚至第三层受众,需要根据对他们的偏好的研究制定不同的营销策略(这些受众会为你打开更多的机会和渠道)。

比方说,本书主要为非虚构作家而写。除此之外,对在企业里工作的专业内容营销人员来说也是很有用的。本书读者中也有可能有学传媒的学生,在将来的工作中他们或许也会用到这些信息。不同类型的受众需要不同的信息传递、市场营销,甚至是发行策略,所以他们越早被定义,我们就越能更好地将他们纳入我们的推广计划之中。

有多少潜在读者

定量分析信息要花更多的时间去调研,但是在决定你的主题或想法的优势和有效性方面是很有价值的。如果你有大量的潜在读者,出版商会更有兴趣。如果你的书是针对小众群体的专业类或小众主题的书，那就很难找到愿意出版的出版社，而且也难以在全国范围内发行。为了帮助你，这里有一些资源可以用于特定人群的数据调查：

- 访问政府相关数据统计网站，找到与经济和劳动力相关的各种统计数据。
- 联系那些为你的市场服务的组织机构，请他们提供相关统计数据。
- 找到你的读者们可能会阅读的排名第一的杂志，通过它们获取数据。

当然，如果你没有去接触潜在读者的计划，那么就算确定了潜在读者群的存在，也无法保证图书的销售取得成功。但是，在某种程度上，图书销售是一种数字游戏，所以当时机到来时，可以使用定量分析的信息来确定和优化你的营销计划。

深入挖掘这些定性和定量信息将有助于你在信息传递、营销策略和推广策略方面做出更明智的决策。你可能会偶然发现一些数据，这些数据会让你发现那些你不曾关注过的市场，而这些市场可以从你的工作中受益。无论是为了你自己，还是为了让你的团队加快进度，你都应该用简单的摘要格式把你在调查中发现的关键点整理出来，以便日后随时参考。

你能解决什么痛点

对大多数非虚构读者而言，寻找某一特定主题的书籍的原因，首先是为了充实自己在这一领域的背景知识或应用知识。想想你上次买书时的心态，你是不是对全球性问题的历史感到好奇？你是否陷入了一个商业困境而苦苦找不到答案？你是否在试图加深一个你熟悉但还没有深入了解的领域（例如，市场营销、营养学，或者可持续发展）的理解？

那些促使读者从你这里寻找解决方案的挑战和问题都是他们的痛点。顾名思义，痛点就是那些让读者夜不能寐、阻碍了他们的事业或是个人成长、降低了他们生活质量的事情和问题。

在你假设读者的痛点时要千万小心，有时候我们会用自己所拥有的丰富的知识去揣测那些门外汉的想法，以至于无法理解他们到底在找些什么。你可能会通过在这个领域中多年的经验本能地得到一些答案，或者你需要做一些关键词的调研以及社交媒体上的民意调查，以此来找到最强的需求。（通过在浏览器上输入各种关键词，它会智能地提供大量受众的痛点信息给你。）如果你有能力的话，你考虑对现有的客户或是受众做一个深度的关于痛点反馈的调查，他们的回答也许会出乎你的意料，他们也许会向你提供信息传递和市场营销的信息金矿，让你可以更好地满足他们的需求。

明确你的内容价值

你想向你的读者传达什么，这些信息会通过什么样的方式让他们的生活变得更轻松、更美好、更有意义？注意：把这个需求搞对了，比思考你想说什么更为重要。关注你的受众，把注意力放在他们想听到的和你想表达的是否一致上。要么你所传递的结果准确无误；要么表达有趣；要么你对此经验丰富；要么你的资料或体系比你的竞争对手好。要训练有素并明确沟通目标的先后关系。试着用一句话描述（例如，"我帮助职业女性在生活和事业中找到平衡，在家庭内外都获得满足"）。

当你对成果和沟通目标胸有成竹之后，下一步就是盘点你已经创作好的内容。仔细翻检，列出你的内容资产，包括博客文章、故事或逸事、新闻通讯、演讲稿、书籍、工作指导手册、录音、视频、讲义，等等。这可能需要一些时间，但要坚持到底。有些人会觉得简单的 Excel 表格对大量内容的分类很有效，它可以根据标题、类型和长度等来进行分类——不过你可以选择你觉得有效的方式。

盘点完你的所有内容后，再返回去看你想表达的东西和交流的目标。审查每一个内容点，判断它是否支持了这些目标。这样就会缩小范围。从这里开始，客观地审视这些内容资产，确保留下的内容依然不过时,而且还很不错。即便不是这样,也不要立刻就删掉它们,一点点地返工、修改,普通的内容也会变得更好,让过时的内容得到更新。

很多时候,创造者太接近自己的想法而不能做出特别客观的判断和评价。如果你发现自己给每一条内容都开了绿灯,那就要考虑让其他人参与进来,以便得到更加公正的反馈。

如果你已经确定了要给读者提供什么,那么是时候把内容组织起来,传达你的信息了。通常情况下,这个过程可以帮助专家超越自己所定位的表面的电梯游说[①],并鉴别和完善它们影响他人的具体的、可操作的方式。你有哪些技巧、策略、框架和示例可以帮助你传达信息,并为你的读者提供价值?你能接触重要的统计数据、研究人员或其他专家吗?将所有这些信息汇编成要点,并把它们组织成小标题,然后将事实支撑和可操作方法整合在一起,帮助读者切实地应用你的知识。明确这些资源将使你的写作过程更加顺利,尤其是在刚开始写大纲的时候。

如果读者读到的是其他人写的这本书,他们会错过什么?也许是你可以分享的经验、你的幽默感,或者是你为了便于读者理解而将一个复杂的主题进行分解的能力。

再次提醒,在这个过程中千万不要着急。你可能需要很长一段时间才能找到能建立一个品牌并且与之共存的语言。真正的意见领袖都是某

---

① 电梯游说:即简短介绍,指在乘坐电梯的时间内,完成简洁、清晰并具有吸引力的介绍。

个特定话题的权威——他们的专业领域，越具体、越有区别，越好。那些自称自己在多个领域都是专家的人根本就不是专家，他们只能算业余。让自己成为专家，需要有经验、知识和长期的工作成绩。在专业领域著书立说，可以巩固你在特定领域作为意见领袖的声誉。

分析市场

无论你的写作是为了建立品牌，还是为了传承，或者只是为了把它从"遗愿清单"中去掉，在你投入时间和精力来撰写和出版它之前，你可能还在考虑如何在投入时间之前评估您的图书创意的可销售性。这么做是明智的，因为市场给出的答案往往会影响你对内容呈现方式的决策。

拥有小众市场的图书可能更适合在线发行。我经常用一本关于如何成为药品销售代表的书作为例子，你不会在书店里找到这本书——这是有充分理由的，它的受众很小，而且定位很明确，它的读者群体会先在网上搜索这类书籍。

相比之下，拥有更广泛（或更受欢迎的）主题领域的书籍可以从在线销售和实体零售等传统渠道中受益。在大众类和小众类内容之间有一个有趣的界限。涵盖内容过于宽泛的书籍，可能会因缺乏特色而卖得不好；而过于特殊的、只有有限受众的书籍则最适合在线发行。但是，一本被定义为小众内容的图书（例如，古法烹饪）与消费者膨胀的兴趣相结合时，就会激发大众的购买需求，简直就像变魔术一样。抓住这些趋势，在适当的时机进行出版，将为这些精明的作者确立起他们在相关领域的先锋地位。

出版商或发行商可以从当前零售趋势中直接获得买家反馈，从而为你书稿的进展或出版路线的选择提供宝贵的反馈。与任何其他行业一样，新的优秀出版物是建立在卓越的产品（内容）、有策略的营销和完美时机三者的结合之上的。

定义和衡量一个受众的购买意愿可能并不总是那么简单。社交媒体上的博主们在这里就有一个明显的优势，因为他们发表的博客文章就像是独立的研发实验。他们可以衡量读者的感兴趣程度、分享程度，以及对每一个帖子的参与程度，从而降低那些影响最大的因素。同样地，我也看到过作家们在专业杂志上发表相关知识的文章，以获得积极反馈，并从反馈中得到启示，进而把它发展成一本完整的书。

如果你的手边已经有这样的市场反馈，那么太棒了！你已经有了一个良好的开端。如果没有，那你需要花一些时间来思考本章中以品牌为导向的关键性问题，以帮助确定你的受众群体。拿出笔记本，现在就开始这项工作，趁你还没有完成初稿，这样就能避免日后你突然意识到自己的步调脱离市场预期而不得不重写书稿了。

脱颖而出的秘密

混乱——在各个层面让我们不知所措。社交软件、广播、电视、博客……在各种媒体信息的包围下我们很容易迷失方向。作为出版公司的首席执行官，我经常听到专家和作者提出那个价值百万的问题："我们怎样从这些混乱中脱颖而出，被人们看见、听到？"

答案可以总结为，在市场上要将两个因素与他者区别开来：你和你的内容。

首先要确保你的信息具有相关性和差异性。你的专业知识中有哪些特定的领域是人们一直会用到的？你的方法或基本原理与最接近你的竞争对手有什么不同？一旦完善了独特的定位，你就能将你的价值主张概括成一个简洁的电梯游说。

这也是作者经常被难住的地方，因为很难让他们做到简明扼要并且不再谈论他们熟悉的话题。这样做的目的是让你所说的内容能吸引受众的兴趣，让他们变得好奇，追着要获取更多的信息。例如，某女士可能会随意地描述自己是一个有甲状腺问题但又超爱美食的人，同时她也很爱用为别人做饭的方式来帮助他们管理自己的激素问题，在提供美味饭菜的同时，有甲状腺问题的人们也不会因为饮食的限制而牺牲自己的味蕾了。是的，这句话说起来太长了。

在压缩了信息之后，再回答她到底做什么、她为谁服务、为什么、她的与众不同之处在哪里。最后以上描述可能会变成这样：她致力于帮助甲状腺疾病患者了解和开发一种营养治疗的方法，通过轻松的视频、烹饪书籍和社交媒体上的内容，她展示了科学和烹饪美味的完美融合可以帮助激素达到平衡。

我见过零售商、文学代理人、营销人员和媒体才看完两句介绍就当场做出决定的。如果你不能在十秒钟内解释清楚"你的品牌"，说明你的信息组织不够有力。

在你缩小了自己的专业范围，并将自己与竞争对手区分开来之后，接下来你就会发现你给别人带来的价值。用一个非营利性领导力来做例子，一本书可以提出一个价值主张，即"发展以社会为导向的领导者"或"教导组织者如何激励志愿者"。列出关键信息，让一些值得信赖的专业人士加入，开始头脑风暴、创造和提炼，直到你陈述的价值主张准确而简洁。具体而简短的概括有助于你快速了解你的目标受众，也有助于他们将你视为他们关注的话题的权威。这最终会帮助你吸引到正确的潜在读者和潜在客户。

分析竞争对手，完善自己的内容策略

如果你决定选择传统出版，你首先需要写一封询问函，找到有兴趣负责你图书的代理商。接下来，你要撰写图书推广方案并对其定位。即使你选择不与代理商或传统出版商合作，撰写图书推广方案也是一项不

错的练习，可以帮助你围绕目标受众、内容差异、营销策略，以及图书成功发行背后的其他关键因素建立清晰的思路。

在标准的图书方案中，你的书会被要求与排名前两三名的同类图书进行比较，看看你的不同之处。这有助于代理商或编辑考虑你的建议，以确定你这本书的销售潜力，也有助于出版商确定你在零售市场的确切位置。下面提供几种可以让你研究这些信息的方法：

● 去一家独立的书店，试着和购买你竞争对手图书的买家建立起联系。（但在大型连锁店，采购通常是在公司层面进行的，所以在当地书店里很难找到这种专业意见。）他可能会向你指出同类图书中最优秀、最畅销的品种。分析你的竞争对手，他们的写作手法，以及你与他们的不同之处。

● 搜索线上的图书零售网站，找到最接近你的，并且是由像你这样的作者所撰写的书籍。试着找出那些不仅作品主题类似，同时经历和背景也与你相似的作者。如果一位作者之前就出过十本畅销书，那么他一定会有更强的初始销售模式，所以不要和这种书相比较。图书销售网站通常会依据销售情况来列出书名，而不提供实际的销售数字，但只要这本书一直畅销，这个排名就足以说明些问题。短期内，销售排名相当容易被操作，因此除排名之外，查看相关评论数量也是很有帮助的。（如果同一天出现大量的评论，就可能需要去辨别是否有"水军"）。

● 尼尔森市场调研公司提供了一份名为 Nielsen BookScan 的图书销售报告服务（其他国家都有类似的数据报告）。它涵盖了 75%～80% 的零售图书销售数据，是一个提供出版业图书零售市场销售数据的工具。不幸的是，这份数据非常昂贵。出于这个原因，你可以寄希望于你的版权代理人或者你的出版商（他们往往都会有这份报告），以便更好地了解你的竞争对手在零售市场上的表现。

在你找到这个领域卖得最好的前两三名书籍之后，和你自己的书进行比较，你的不同之处在哪里？这对定义你所找到的差异点很重要。读者往往不想重读他们现已掌握的知识，他们想要知道新鲜的东西。你可以有多种方法把自己与其他作者区别开：

● 你有没有质疑过那些作者提出的假设或策略？
● 在这个讨论中，你有没有加入新的方法或是新的信息？
● 你有没有发出更有吸引力或者更特别的声音？
● 你是否更可靠、更有经验？
● 你是否更专业或更具有综合性？

这些问题的答案也会帮助你进一步完善你的整体信息和品牌战略。

想要成为作家的人往往会因为努力去了解他们的作品是否有市场而偏离轨道。考虑到写一本书所需要付出的努力，在前期花一段时间来评估这个概念的可行性是很重要的。这样做的过程中，你将会制定出内容创作的策略，同时也能确保你的写作时间得到充分利用。

有些作者认为这属于"有时间再做"的事情，但是你确实在出版前期就"必须花时间"来处理这些问题。放心，当许多参与者一起推进这本书时，它就会在一致性和效率上体现出回报，因为所有的人都朝着同一个方向使劲。

明确内容所属类型

明确你所撰写的内容的类型和体裁，可以帮助你在整个创作过程中专注于你的目标受众。不幸的是，大多数作者都不考虑这个问题，直到出版商或经销商要求提供这些信息。许多新作者（特别是那些没有在行业专家指导下的作者），他们的提案甚至是成书都会在分类上至少犯一个错误：

- 在封面或是提案中错误地分类。
- 用描述性术语替代行业标准的分类名称（比如，把团队合作当成分类去替代商业和经济/管理学）。

明确清楚的分类在书店零售中具有重要作用，不应掉以轻心，它主宰着书的摆放位置，无论是在书架上还是线上商城中。不管在哪儿，这都是影响读者检索最为关键的信息。清晰明确的分类也有助于指导你的写作和营销工作。这里有三条建议可以帮你为你的书选择正确的分类。

● 使用BISAC[①]标准编码

在图书推广方案中，BISAC科目编码不是必需的，但在前期调研时，它将帮助你从类别的角度清楚地了解你的图书在零售系统中的定位。BISAC代码表明图书主要的类别，比如，励志类、商业和经济学、家庭教育类、艺术类。许多大的分类下面会对比较受欢迎的内容列有子类别，比如商业和经济学／预算。批发商、分销商和零售商使用的许多系统都需要BISAC科目编码，你可以使用这些编码来帮助你确定最适合的类别，你可以把它写在方案中或是书的封面上。

在选择BISAC科目编码时，要考虑到你的受众和作品内容。从项目以外的人员那里收集一些客观意见，并对类似图书的分类做一些研究。

如果你的题目与两个不同的科目都匹配，那么选择你认为你的目标读者在检索查找时最有可能使用的那个。但请注意，书商的编目部门可能会因为你选择的编目不符合他们的上架系统而推翻你的科目分类。

---

① BISAC：书业标准与通讯。

● 与你的代理人、出版商或是发行商讨论分类选择

有些书籍确实会跨类别，这种情况经常发生在励志和商业等类型的图书中。代理商或发行商有理由认为，编辑或买家会根据自己的理解更倾向于其中的某一种分类。这一决定可能会对代理商谈判的能力或者发行商在协商大宗交易和店内展示位置时产生巨大影响。在你完成这本书之前，最好先知道这一点，以免在你认为已经完成书稿之后，还要重新调整。

● 考虑位置、位置、位置

对图书类别下定义不仅要考虑你的读者，还要依据数据库和书店里对其陈列位置的选择。请记住，一本纸质书不可能同时被摆放在商业、小说和励志分类中，所以应该选择主要的类别，也就是说，这个分类是读者最喜欢的，同时也是摆放这个内容最合适的位置。

建立自己的品牌是成功的保障

研究这些问题的答案可能会让你觉得是在浪费时间，尤其是当你已经兴奋地想要动笔的时候。我向你保证，这绝不是浪费时间。当你在推广作品的时候，这项看似艰苦的工作会给你带来巨大的竞争优势。等我

们进入本书的后半部分时，你将会更全面地了解，让人们注意到你的信息是相当具有挑战性的。这项基础工作会为你提供开发出更好的产品的路线图，以及图书发布之后指导后续推广方案的品牌资源。

相信这个过程，并投入到解决这些关于品牌和信息问题的挑战中来。你对自己的读者、竞争对手、市场和自身定位了解得越透彻，你就越能在发布内容的时候取得成功。召集一个值得信赖的团队帮助你客观评估自己的内容，并协助你完成这项工作。

请记住，新书发布和其他成功的产品发布是一样的，它也需要有所准备、提前计划，创意产品并不会在规划和战略上得到"豁免"。如果说有什么区别的话，那就是在这些领域还需要更多的关注。作为作家，当我们和自己的书联系在一起的时候，很容易情绪化，很容易一厢情愿，比如，会认为我这么努力地写书，这书肯定会成功！你的读者不知道或者说也不关心写一本书对你来说有多难，他们只关心你是否能击中他们的痛点。格外注意这个问题，在服务你的听众和他们的需求时，不要妥协。

INFLUENCE AND INCOME

04 制定你的创作策略

我讨厌写作,但是珍爱曾经写过的东西。

——多萝西·帕克[①]

[①] 多萝西·帕克:美国作家,著有诗歌《足够长的绳索》、短篇小说《高个金发女郎》等作品。

现在你明白了，就算是最高效的作者，写作对他们来说也是辛苦的。幸运的是，你可以通过一些策略、工具和资源来使这个过程变得稍微轻松一点，同时也能借此快速启动（或是助推）进入这个最具挑战的领域。

请始终牢记，创作的过程可能不会像你当时冒出写作的火花时想象得那样顺利。不过不用担心，要调整、适应并去找寻一些帮助来保持这股前进的动力。最艰苦的写作过程没有奖杯。利用好每一个工具和时机，让它们协助你在创作的过程中保持正确的轨道。

内容再造

这本书里最重要的提示之一就是对内容的再造。无论你是一个博主，想要把博客的内容整合成一本书，还是刚好相反，你想把书里的内容拆分成更小的独立碎片，重复使用你的内容都是利用创意来再次创造影响力和收益的最聪明的方式之一。

在你写作之前，你应该梳理一下你可能已经拥有的一些内容（假设这些内容是没有版权纠纷的，或者很容易获得版权的）。许多商业作家都是从为商业期刊撰写文章开始的。这些内容通常可以直接使用，或者在该作品初版出版商许可下，可作为你书中有意义的部分。

作者有时会不好意思利用他们现有的内容，因为他们担心读者会看到同样的内容。那你真是幸运！事实是，对于我们大多数人来说，任何能够发表的文章（在线或印刷）都只能覆盖一小部分读者。更重要的是，即使真的有读者两次看到这个内容，他也很难从数年后的另一部更大的作品中把之前一篇小文章里的细节识别出来。也许他们会记得这个概念，但在图书这个更大的背景下，他们不太可能把这个内容当作是重复的。

当你筛选完适合出现在你书中的内容片段之后，就要寻找以下符合条件的元素了。

不受时间限制的内容

博客的内容通常都是紧跟时事和当前趋势的，但你的书应该包含更多"常青"的内容，这些内容不会随着科技和政治这些瞬息万变的主题而"老化"或是失效。由于各种各样的原因会需要更新版本、修改文件，还有可能重印，最有效的解决办法就是避免在你的书中出现时效性很强的主题。那些实时评论可以用在你的博客或社交媒体上。

符合大纲要求

如果你是从一个展示整个逻辑的流程和步骤，让读者明白你想要分享的东西的大纲开始的话，那么你的书将会更加出色。把现有内容进行合理布局，放在恰当的地方就能实现这个目标。

要避免图书内容落入俗套，也不要怕加入新的内容。制造一条贯穿线把所有东西串在一起。这是可以做到的（而且已经做到了），但假如加入的东西将导致一本书杂乱无章，不能表达有力且一致的主题。读者会感觉到这种断裂，除非你的内容在语气上非常一致，并能神奇地将一切融合在一起，以支撑一个更大的目标。

如果你发现了一些非常不错，但不是很适合你的大纲，又舍不得丢弃的素材，你完全可以在推广的时候编写一个简短的介绍，再把它带回到你的图书主题中。

例如，在这本书中，我就放弃了一篇文章，是关于尼尔森的BookScan是如何通过统计抽样来计算图书产品零售细节的内容。我认为它很吸引人，也和作者有关，但它有点像个无底洞，不能直接支持我的目标——帮助读者最大化实现想法、获得影响力和收益。所以我会把这篇文章在另一个网站上发表，并将其设定为"我的新书《创意，影响力，变现》中所涵盖的一个主题——衡量一本书是否成功背后的科学"。将素材与你的书联系起来，这些好的内容仍然可以为你的目的服务，即使它们只是配角。我们将在下一章中更深入地探讨大纲。

被证实过的内容

如果你现有的内容满足了以上标准，既没有时效性又符合大纲，理想情况下，它也是符合点击量、参与度、浏览量、停留在页面上的时间等指标的内容，以帮助你判断它是否已经在为你的读者服务了。

为了避免额外的写作工作，直接套用全部或部分现成内容显然是非常具有吸引力的，但是如果某个主题的内容不符合你的标准，你应该重新修改，或者创作一些全新的内容。

要明智地使用现有的内容来支持你的书所要表达的信息。偷工减料地重复使用一些不符合标准的内容一定会损害读者体验。正如你在本书后面会学到的，每一位拿起你的书的读者，都是一个你努力想要获得并且不想失去的读者。

让专业人士给予反馈

一旦你完成了大纲，剩下的就是坐下来写。这个任务很简单，但对绝大多数人来说，创作出一本书的体量也是非常困难的。

横亘在作者和他的成稿之间，最常见的障碍之一就是作者被无法完成的任务搞得筋疲力尽。从哪里开始，涵盖什么内容，如何构建它，内容是否优质，这些问题都有可能会让最强大的作家完全失控。

在这种情况下，一个强有力的、详细的大纲会有所帮助，因为它可以让你把手稿分成更小、更容易管理的部分——但有时大纲不足以让你继续写作，或者你可能会被困在完成大纲的过程中。如果你觉得需要一定程度的责任感和情感支持，或者得到一定的反馈有助于你完成稿件，加入一个作家团体也许是一个不错的选择——但有一些注意事项。

注意那些太小或太大的群体；少于五个成员将使获得反馈成为一种挑战，而超过十名成员的团队会使每个人在一次会议中很难获得反馈。

一些作家团体更多地以网络和社会接触为导向，而另一些作家团体则是为了支持稿件的创作和批评。先考虑清楚你需求的重点，在决定加入之前询问团体负责人或版主团体目标和活动的相关方式。

在一个典型的由作家亲自参与的团体当中，虚构作品的作家会比非虚构作品的作家多，因此，你最好的选择是找到一个从问责制的角度支持你的团队。如果你知道有人希望你在下次会议前写出一定数量的文字或是完成提纲写作，将会对你的工作效率产生奇效。

但是请记住，通过作家团体来帮助你提高稿件质量可能也有一些缺点。

你的作家团体里的一些成员或许也正在写他们的第一部书稿，这并不意味着他们是最有资格就你的书稿提供反馈的群体。在一本书中创建结构、突出主题并使文字流畅是编辑的工作。对阅读的热爱并不能使一个人成为好编辑，正如对音乐的热爱不能使我成为一个好的歌手（我唱得真不好）一样。如果你为了稿件的进展而选择和作家团体一起工作，那么准备好优雅地接受评论，同时也准备好面对经验丰富的编辑用他的专业眼光所做出的最终判断。

与此同时，在作者团体中被分享和评论的内容通常只是书稿的一部分，无论是几页纸还是整个章节，特别是对于非虚构的内容来说，人们在不了解前后文的情况下评估部分内容，可能会误解稿件的逻辑和创意的传达。

由于这些担忧，一些作者会简单地选择给朋友和家人看自己的稿件，以此获得评论和反馈。从熟悉你所在领域的专业人士那里得到的反馈总是很有帮助，而你的朋友和家人很可能会因为避免伤害你的感情或制造紧张情绪而粉饰对你作品的反馈。大多数人都不愿意给出负面的反馈，尤其是在你最亲密的社交圈子里。

负面的反馈、建设性的反馈，要礼貌地接受，不要和向你分享想法的人争论。即使你最终没有采纳他们的建议，所有的反馈都是成长的礼物和动力。你可能需要提出后续问题来获得足够明确的反馈，以便有所帮助（"第三章让我感到困惑，但在那之后我就看不懂了"，而不是"这对我完全没用"）。

一旦你的书出版了，一定要寄一封亲笔写的感谢信或者发一条真诚的信息给他们。

聪明地利用资源走出困境

当你努力写作的时候，会发现有些章节比其他章节写起来难些。难写可能是由于内容本身，或者组织结构有问题，或者只是你太累了，无法专注。

如果你因为太累或精力无法集中而被困住，那就先记下概念或关键词，在你精神饱满、注意力集中的时候再试一次。

因为内容和结构问题而被困住，会让人很快气馁。你可能会发现你对自己写的每一件事，你写它的顺序，甚至是这本书是否值得一读都持怀疑态度。

写作疲劳的时候，先跳出书稿，考虑找个专家来帮忙。写一本书需要技巧，特别是第一次创作，你很难不卡在某个地方。毕竟，你不是一个职业作家。

有趣的是，我和许多作家一起工作，他们白天都是商人，完全可以接受雇用员工来改变公司不足之处的观念，但却不愿意在写文章遇到困难时寻求编辑的帮助。在管理公司时他们会借助销售和营销人员的力量，以超越他们个人所能提供的知识、经验范围，但他们坚持在写作时"单飞"。

虽然写一本书更多依靠的是个人努力，但它的创造过程应该与经营一家公司所需的战略资源是相同的。在写作过程中，让一位优秀的编辑来指导你，就会让事情变得不同：要么你完成了书稿，要么你紧锁的抽屉里永远放着一本充满了挫折感的半成品。

让一位策划编辑来保驾护航也可以确保避免犯下结构性的错误，比如遗漏关键的逻辑性内容（尤其是在阐述一个伟大的想法或者结构的时候）或者在稿件中出现重复内容。同样，给稿件搭建框架需要高水平的编辑技能。如果搭建错了，几乎可以肯定地说，你以后还得返工和重写其中的一些章节。如果你觉得现在写得有些疲劳了，那就等到你想好之后再重写。

引入这种外部协助并不会让你变得不像个作家，获得这种协助实际上很正常。编辑们处理这样的写作挑战早已训练有素，而你不是。你要成为一个聪明的作家，而不是一个差劲的作家。

我曾与一些演讲人合作过，他们能够在舞台上鼓舞受众，但把话写在纸上却是一塌糊涂。他们挣扎着重写，但往往还会失败，他们并没有立即意识到口头语言是一种完全不同于书面文字的沟通形式，掌握每一种方式需要的是完全不同的技能。但是，在选择合作伙伴时，我更愿意选择演讲厉害但写作需要帮助的人，而不是写作厉害但演讲需要协助的人。为什么？因为我可以让各种各样的编辑来把一本书变得闪亮，但我不能让任何人上台去拯救一个苦苦挣扎的演讲人。一个强大的团队可以让一个普通的作家看起来很棒，但即使是世界上最优秀的演讲教练，为独自表演的演讲者做的事情也并不多。

你很可能属于演讲能力很强的那类作者，即使你现在不说话，你也有热情和经验在你所擅长的领域大谈特谈。你的激情和经验是你带来的独特价值。所以，如果你被写作困住了，不要着急，让那些训练有素的人帮助你走出困境。

一旦你决定在写作过程中引入一些帮助，有几种方法可以帮助你推进稿件。选择合适的专家可以让你的写作过程更顺畅，也能让你的作品读起来通俗易懂。如果你有专业知识和信息，但一看到空白页就开始发慌时，下面是一些可以帮助你的方法。

把你的创意写在纸上

如果你感觉写作很轻松，并且能很快把想法写下来，那么花几个星期的时间，把你想写在书中的话都记下来。结构在这时还不重要，重要的是把你的信息写在纸上（或文档里）。

在有了粗略的草稿之后，编辑可以带你完成一个所谓构思的过程。编辑会帮助你把你的想法整理成连贯的章节，同时把你的想法流畅地传达给读者，让读者对你所要表达的重点有清晰的了解。尽早协作将帮助你避免任何结构性问题，确保你清楚地解决了读者的痛点。

让编辑指导你

如果你每周有几小时的写作时间，但不知道如何安排，甚至不知道从哪里开始，编辑可以指导你完成写作过程。这通常被称为写作指导或稿件开发。

编辑可以通过和你讨论你的目标以及你想要表达的信息帮你完善写作的方法，然后帮你创建一个详细的大纲。如果你的大纲足够明确，你可以在开始写作之前，计划好你想在每一章中说什么，甚至每一章节中的每一段，最后像填空一样完成你的稿件。

在这一阶段的编辑工作中，编辑会给你一些你可以胜任的写作任务，然后评估你所写的内容，以确保其紧扣主题、清楚地表达了你的观点，并且读起来不错。

找一个创作伙伴

在不错的伙伴的协助下，写书的过程可以使你成为一个更强的意见领袖，也可能是一个更睿智的合作者。

对擅长表达的人来说，写作是一种梦想，但对其他人来说则可能是一场噩梦。那些不擅长表达的人一想到要写500字脸色就可能发白了，更不用说写一本书。不幸的是，这种对写作的恐惧阻碍了他们获得大量曝光和拓展新业务的机会。

如果你不擅长表达，但是你具备相关领域的专业知识，可以考虑找一个共同的创作伙伴。和创作伙伴一起讨论确定你们要传达的信息、你们的受众，甚至是想要传达的语气和声音。

在写作过程中确保你和你的合伙伙伴同步，让内容按照你们讨论的那样发展下去。以下是一些需要考虑的方面。

● 聪明地工作，而不是使劲地工作

在你发问之前，答案是否定的，合作创作不是欺骗，也不是懒惰的表现。相反，知道如何协同创作也是领导能力的体现。

一本书的核心在于创意和支撑它的框架，这些是来自于你的知识，而你选定的创作伙伴必定也是这个领域的专家，是你们共同把知识传播出去的，最终的作品是你们知识的凝结。

如果你不确定是否要和别人共同创作，花点时间仔细研究一下，看如何安排能让你的创意最大限度地帮助你的受众和你自己。

● 打开思维

如果你真的决定要同别人共同创作，一定要和一个明白你对品牌有更大愿景，并且了解你作为作家或影响者的长远目标的人进行合作。合作伙伴应该能够帮助你从战略角度思考如何更接近这本书的总体策略，这也会给你的工作带来额外的好处，他应该会贡献出很多不错的想法和创意，从本质上说，要找一个能与你一起思考的人合作，帮助你走向卓越。这种人不仅可以和你一起创作出一本出色的书，而且会使这个过程变得丰富多彩。

找到志同道合的创作伙伴显然是至关重要的。你要寻找一个在你的领域有一些专业知识的人，找到一个完美的合作伙伴，就能真正地让你的想法呈现出来，并且给你和你的品牌带来好处，同时也能节省你的时间以及减少挫败感。

让创作为你工作

写作并不是一项无法完成的任务。搭建脚手架来支持你的工作，雇用合适的人来帮助你渡过难关，你的创造力肯定会被导向创造新的内容。无论如何，如果你认为有适合的现成内容，但是不确定如何使用，请在丢弃它之前先让编辑来处理。如果整个写作过程让人无法承受，但你仍然热衷于要写一本书，并且进行外向型的宣传和销售（这也是一种常见的状况），那就不要犹豫，寻找一位能帮助你的编辑或是志趣相投的合作伙伴。

同样，它和其他产品或是业务的推广没有什么不同。发挥你的长处，并引入专业人士的帮助，与你的愿景保持一致，这种创作方式并非是懒惰，它是聪明而高效的选择。

INFLUENCE AND INCOME

05 现在开始高效创作

不管怎样,动手开始写吧,不打开水龙头,水是不会流出来的。

——路易斯·拉穆尔[1]

---

[1] 路易斯·拉穆尔:美国小说家,著有《燃烧的山丘》《空地》等作品。

既然我们已经完成了所有的准备工作，那就让我们看看实际的写作吧。你需要考虑如何应对这个过程，以及如何处理这些内容。

每个人的写作过程都是不同的。会有很多框架、课程和会议来帮助你完成写作，但开发出强大的内容这个基本点并没有太大差异。你的写作过程可能与另一个作者有很大的不同，但你们在迈向终点的时候都要做同样的基础工作。

大纲是否符合要求

写书最基本的出发点就是有一个完善的大纲。有些作家就像我们在学校里学到的那样去编写大纲——在 Word 文档里写下主要的题目、论点、结论，等等。另一些人则喜欢用更直观的方法，把索引卡铺在桌子上或是贴在墙上。用任何有创意的过程来编写大纲都可以，所以不要过于纠结哪种是正确的方式——没有这样的标准。只要对你来说是有效的，你都应该去做。

重要的是要注意，大纲基本上是你整本书的蓝图，因此，在你开始填充内容进行写作之前，需要让编辑来评估一下。在大纲阶段就开始分享你的想法，可以让你的编辑有机会发现结构上的问题，是否有重复或是矛盾的内容，以及内容里是否缺少关键概念。一旦你和编辑在大纲上达成一致，你就可以开始构建你的书稿，而不必担心之后会需要重新构建你的内容。

从组织你的想法和微调你的信息开始，把你的想法整合在一起，确定你的关键信息、小标题、论述要点和论据。

让我们从关键信息开始，你想让别人从你的书中得到什么概念？是吃得更健康，生活更节俭，变得更有条理，还是别的什么？你的关键信息是最终目标，也是撑住你所有的努力的大伞。举个例子，假设你是一名专攻综合医学的医生——你的关键信息可能是"治疗整个人，而不仅仅是某些病症"或者"全面健康"。

接下来，用头脑风暴找到合适的子标题。子标题是大纲的下一级，将在其中组织信息、策略和技巧来帮助你实现你的关键信息。通常被作为章节或段落的标题。再以上面的综合医学为例，在关键信息"全面健康"下，我们可以建立以下子标题：

① 传统医学的陷阱

② 替代医学综述

③ 整合传统和替代医学

④ 聆听你身体的声音

⑤ 实现全面健康

在确定子标题后，在每个子标题下列出你将说明的要点。例如，案例研究、策略和其他支持论点的论据。

① 传统医学的陷阱

- 权宜之计：关注症状，而不是病因
- 过度用药：现代药物的利弊
    ◎ 市场上药品数量的统计数据
    ◎ 关于药物副作用的诉讼或索赔的统计数据
    ◎ 通过注射疫苗和监控治疗，严重疾病减少的数据
- 费用的增加：医疗保健成本上升
    ◎ 治疗过程中的预防

正如你所看见的，我们已经开始形成一个大纲。这个大纲是你用来撰写图书的框架，它也将被用于编写这本书。一定要包括统计数据、小故事、图表、案例研究以及其他有助于支持你观点的重要信息，因为这些东西都是你建立在书里的关键卖点，对出版商来说，这些内容也是他

们在早期评估是否出版你的图书的重要信息。

让内容具有可操作性

内容，就像时尚一样，受到流行趋势和文化的影响。虽然真正好的内容不太会被时间所影响，但信息理想的传播基调和呈现方式还是会根据受众口味的变化而变化。

播客、图像资讯和视频爆发式的增长是近年来内容传播的流行趋势。流行的内容的基调就更难被发现了。

经营一家出版公司，拥有包括许多专业人士在内的众多作者，这为了解零售图书市场和演讲的趋势打开了一扇窗。

过去几年里，研究内容趋势实际上已经成了一项任务，因为必须使内容"具有可操作性"。对商业图书来说尤其如此，但它适用于任何旨在帮助读者在个人或职业层面上有所发展的非虚构内容。

以下四种方法可以让你的内容具有可操作性。

教，不是说

让读者知道该做什么只是一个起点。"吸引你的受众！""推销更多的产品！""让千禧一代有使命感！"所有这些都需要后续步骤明确后，才能成为真正有用的例子。

在基本的和表面层级内容的基础上，给出清晰的指导和行动步骤，如清单、框架、阅读资源，以及实践练习，这样读者就不用去猜测如何才能达到你所给定的高度。当你给读者提供工具让你的建议可以被实现的时候，你就创造了真正的价值。

一些作者对"把创意曝光"的想法有所畏惧，特别是那些使用框架来解决客户问题的顾问。记住，信奉"Do It Yourself（亲自做）"的受众永远不会买你的单，你真正的受众会欣赏你从你的知识领域带来的经验。让他们亲身体验一下你的方法，这比把他们赶走更有可能让他们成为与你志趣相投的客户。

当然，这不适用于所有内容（例如，编辑评论文章就不适合），但对于大多数说明性的非虚构作品来说，这都是一种要求，无论内容是图书、视频、博客、播客，还是其他形式。

使"工具"更容易识别

为你的读者提供一组工具是一个差异化因素和卖点，应该通过可视化的方式和内容的组织显示出来。

使用标注框来区分内容中的操作项，并让读者更容易按照你的建议行事。使用一致的设计主题来标识这些工具将有助于组织你的内容，并使读者能够轻松地进行（和参考）下一个步骤。

当你为他们提供操作项目时，保持主题一致也能很好地提示读者。例如，贝思·莱文在她的关于沟通技巧的图书——《乔克谈话》的每一章的结尾都提供了一些可操作项目。在这种情况下，它们只是简单的结论性提示（主要学习点的摘要）和练习（不言自明的）。一些作者将这些可操作项目标记出来，与他们所教授的大框架联系起来。

利用故事和案例

考虑到你的读者会带着他们自己的世界观来审视你的内容，为他们提供故事和例子来说明你的想法，并帮助他们在行动中看到你的建议就显得尤为重要。故事、隐喻和例子容易让你所传达的思想变得令人难忘、产生共鸣。

《纽约时报》畅销书作者奇普和丹·希思擅长用故事和隐喻来驱动自己书中的框架，然后在指导读者行动的总结中使用这些故事作为提示。你随便读一本他们的书，看看我在说什么。

突出你的团队

无论你是想撰写公司如何成功的文章的首席执行官，还是一个负责公司博客的内容撰稿人，很有可能你只是知道要做什么，而不需要去深入研究如何去做。

出于这个原因，开发可操作的内容提供了一个很好的机会，可以突出你的团队在自己所深入领域的专业知识。你可以用面试或问答的形式来构建此类内容，或者你可以把它分成两部分，先介绍一个人做什么，再介绍另一个人如何做（一定要充分彰显所介绍人员的专业知识和资历，让读者为这种过渡感到兴奋）。

允许公司员工走上前来分享他们的知识，不仅能展现出他们的专业知识，还能让内容更具说服力和可操作性。

当你在制定明年的内容策略时，可以使用本节的技巧，有意识地将写作设计得更具可操作性。你的读者会接收到有意义的内容，因此更有可能与他人分享你的作品，使你的劳动成果效益倍增。

合理安排写作时间

如果你很难鼓起写作的决心，加入作家团体和寻找靠谱的合作伙伴是很好的选择。但对于那些常年经营企业、从事高要求工作、以顾问或演讲者的身份经常出差的非虚构作家来说，最主要的问题往往是时间，而不是决心。考虑到我们日常工作的需要，再加上我们个人生活不可避免的需求，以及每天几小时放松或发展爱好的美好时光，你可能很想知道，如何能精打细算地在合理的时间内来完成一部完整的书稿。

说到精打细算，让我们分解一下。一般来说，一部 200 页的书稿大约有 6 万字（专业提示：典型的没有图片或是插图很少的非虚构书籍，用总字数除以 300 的得数大概就是一本成书的页数，当然视实际情况而定）。

你可能想知道为什么出版界如此热衷于图书的篇幅维持在 200 页左右。与我合作的许多作者都提出了一个合理的观点，即读者越来越习惯接受较短形式的内容，因此可能不想看太厚的书。毕竟，我们谁也不想出版一本有 50 页内容非常精彩，另外 150 页内容却空洞的书。

以 200 页为基准的原因，与实体店零售业的商品推销和价格建模有关。一本不到 200 页的成书书脊会非常单薄，在书架上很容易被忽略。零售商也会针对历史销售数据进行分析，包括同类题材作品的书名、书的尺寸以及需求价格点等因素。从零售买家的角度来看，在大多数情况下，一本 20 美元的图书产品其内容应该接近 200 页。为了最大限度地增加销售机会，所有这些因素使得 200 页成为图书的标准（当然各个国家的情况不尽相同）。

如果你面前正好有一份 2000 字洋洋洒洒的大纲，我大概能理解你现在的感觉是多么不知所措。但是，如果你在写作过程中运用一些技巧，那么写出 6 万字（甚至更多）是完全可实现的。同时，这对你需要花费多少精力在你所希望的时间内完成稿件也是很好的现实检验。

给你一个参考，主流商业网站上的一篇典型的非虚构建议型文章大约有700字。假设你大纲里的2000字都需要扩展成实际内容，那么你大约需要写85篇这样长度的文章来充实这一本书。每天写一篇700字的文章，一周五天，四个多月你就可以完成你的手稿了。

4个月！听起来就像永远似的。这就是你的想法，不是吗？让我们来拆解一下这个决定——

4个月：每天兑现700字的写作承诺，把你的生活写在纸上，鼓舞他人，推动他们行动起来，做出改变，同时把你未来的品牌和工作也搭建起来。4个月，就可以积累起一本书的内容。4个月，就能决定你是否能成为作家。

4个月，就是一眨眼的工夫。是否要建立起一个系统并好好利用它，是否要让写作的车轮运转起来，一切都取决于你自己。

这里有五个小技巧，可以帮助你每天写出700字：

安排好日程表

对于我们大多数人来说，在日历上看起来清晰的、为写作预备好的日子，很容易就会沦为忙于解决其他问题的日子，并且通常会被卷入相互冲突的需求之中，从而使我们偏离原本的写作目标。

如果你每天能坚持写700字，你对完成这本书的态度就是认真的。

在这种情况下，你一定要在日程表上安排好你的写作时间，不要让任何紧急情况之外的常规事务干扰你和稿件之间的约定，它有优先权。不要听信任何人说的，完成一本书是一个可以等待的白日梦。要坚持你的立场，并为之努力工作。经常审视你的日程表，信守承诺，不要为了其他任何可以等待的事情而违背它，这样就没人能在你写作的时候把你约出去。

你可能会想："好吧，我把每天计划写作的 15 分钟时间压缩到每周集中 1 小时。"千万不要做这种无效的尝试。除了最有经验的作家，在养成写作习惯方面，每天坚持 15 分钟把内容表达在纸上，比每周 1 小时要有效得多。如果你每周的写作时间被打断、占用或完全没有效率，那该怎么办？为了你的稿件能取得有意义的进展，你需要留出一个更有规律的不受干扰的工作时段。

待在能让自己专注的地方

有时候，让自己沉浸在一个有利的环境中，那种才思泉涌的感觉和你盯着空白屏幕 1 小时编造出 700 字的感觉是完全不一样的。

坐在办公桌前尝试写作很可能是一种挑战。尽管你已经尽了最大努力，但还是会不自觉地查看电子邮件、听走廊里的对话，你的注意力会在电话铃声响起的时候被打断。不要因此感到自己的自制力薄弱，这其实是你多年来已经养成的一种行为模式。

为了每天写出700字，你需要一个属于自己的写作圣地。无论你的灵感会出现在咖啡馆、公园，还是家里，这些地方就是你想要写作时该去的地方。这将有助于你的大脑进入写作模式，否则那些让你分心的事将始终横亘在你和写作目标之间。

设定目标

说到目标，每次写作的时候给自己定一个具体的目标是很有用的。无论是700字、500字，或是15分钟不计字数的持续写作，当你坐下来写东西时清楚自己需要完成什么，就能很好地完成手头上的任务。

让它流动起来

写一些最终会被出版（和评论）的东西，其实很容易让人不知所措。出版图书是一种非常容易受伤的体验。不过好消息是，你的专家团队会帮助你润色手稿。现在，你只需要把单词写到纸上，不必纠结于它们的语法、句法和诸如此类的东西。

随身携带一个笔记本（或者用手机上的笔记或备忘录等应用程序）也很有帮助，随时捕捉灵感闪现的瞬间，以便融入后续的写作之中。不要过于自信可以记住它，一定要把它记下来。

找一个伙伴

找一个负责任的伙伴是让你的写作不偏离轨道的好方法。也许这个人也正在写一本书,也许这个人是你的同事或值得信赖的朋友,总之他不害怕强迫你坚持完成你的目标。

这个人可以每周联系你几次,询问你一周的写作进度,或者了解你下一个写作阶段的计划。尊重这个人愿意帮助你成功的承诺,并尽力为他们的检查做好自己的准备工作。

以上这些建议可以帮助你成功地完成这份书稿。最重要的是,记住写作的痛苦是暂时的。想象一下,当你放下笔,感觉到自己的作品已经完成,当你说"是的,我完成了一本书"的时候,你会获得怎样的成就感。

结构是关键

结构是写一本好书的关键。这里指的是两层意思:一方面,构建这本书可以让你在更短的时间内创造出连贯的内容,并可以使你(在写作中)和你的读者(在阅读中)花费更少的精力。另一方面,可以帮助你在越来越逼近的截止日期前有固定的写作量,而不是像做噩梦一样盯着空白页面。如果你发现自己被困住了，花点时间分析一下这种情况，这样你就能更好地理解自己遇到的障碍。你的大纲是不是太具体了，创造了一个限制你写作流程的强制结构？或者它太笼统了，让你很难决定要包含哪些内容，排除哪些内容？

　　反复修改设计出最适合自己的结构，并不是一件丢人的事情。重要的是不要停止创作。一旦停止，你就很难重新获得动力，而启动你的伟大的想法需要极大的动力。

INFLUENCE AND INCOME

06 保护你的知识产权

对于上帝来说，只有一件事他做不到：
从这星球上的所有版权法里找到任何意义。

——马克·吐温[1]

---

[1] 马克·吐温：美国小说家、演说家，著有《汤姆·索亚历险记》《镀金时代》等作品。

你所写的书是你的思想、你的经历、你的见解加上大量的辛苦工作所到达的一个高峰，因此保护这个知识产权不受侵犯和其他任何威胁是很重要的。模仿也许是最真诚的恭维方式，但如果别人从你创造的内容中获利，这种恭维方式就令人很不舒服。通过了解版权、商标和附属权利，以及这些权利是如何体现在你的书里的知识来保护自己的权利。即使你的出版商有责任保护你的作品，但提出一些专业的问题以及让熟悉知识产权法的律师帮你审阅你签署的所有文件才是明智的做法。

了解内容版权

首先，让我们对已出版作品相关的版权问题建立起一个基本认识。版权是印刷或出版你的内容并授权他人这样做的专有权利。版权对作者非常有用，因为内容的版权可以延伸到电视、电影和其他相关行业。版权保护不了创意本身，而是对创意独特的表达方式的保护，所以"独特"就显得尤为重要，如果不是这样，就会变成只要有人写一本关于如何领导一个成功销售团队的书，其他人就不能再写有关这个类型的书了。

从技术上说，内容被创造出来的那一刻，版权就开始产生了，但是为了让版权能被合法地使用，仍然有必要到版权局进行登记。如果你是和出版商合作，他们通常会把版权登记当作例行的公事，但明智的做法是在协议中明确这个问题，并确保拿到相关文件。

在版权登记之前，你需要确保你没有侵犯其他人的版权。如果你在书中使用了歌词、图片或者摘录了其他作品的内容，要是你没有得到版权所有者的许可，你可能面临被起诉的风险。有些用途（模仿、批评、研究）可以被归类为合理使用，可能不需要获得许可，这取决于你借用内容和其他因素的数量，不幸的是，这些数量只能由法院来衡量和确切评估。因此完全有必要准备好各种许可。如果你决定依靠所谓的合理使用，那就尽早和经常处理知识产权的律师协商。有必要明确的是，各个国家对此的界定有细微的差异。

公共领域

你在书中使用其他作品的内容，唯一相对安全的区域是真正公共领域[①]的作品。我所谓的相对，是因为有时也会有例外情况，所以，如果

[①] 公共领域：是人类的一部分作品与一部分知识的总汇，包括文章、艺术品、音乐、科学理论、发明，等等。对于领域内的知识财产，任何个人或团体都不具所有权益。

你无法确定哪些内容属于公共领域（在互联网上获取的现成内容并不表示你可以随意使用），你应该和你的律师一起进行审查相关使用权限。

哪些可以作为商标，哪些不可以

商标是指合法注册或者正式确定的用作代表公司或产品的符号、词或词组。虽然商标也保护知识产权，但注册商标的要求比版权的要求更加严格。这可以加强对你想法外延表达的保护。

你的商标注册能否被批准取决于你的意图以及一些外部因素。举个例子，如果"颠覆"是你书中的主题，那么你就不能将"颠覆"这个词作为商标，除非它和你正在销售的商品或服务相关。普通的词语也很难成为商标，因为这样的商标每天都可能被侵权。也就是说，你想用"约翰·史密斯的颠覆性成功方法"作为商标的话，如果你卖给客户的是一套课程，那么它成为商标的可能性就很大。你也可以把这个系列的标题作为商标进行注册，比如"约翰·史密斯的颠覆性成功方法"系列，因为它是你所销售的产品的一个独特的标题。

另外，请记住，商标只适用于特定市场和服务类别。如果在所属行业里，你是第一个为一项重要的服务进行商标注册的话，这对你就会特别有利，但如果你为图书系列注册商标，那么麻烦也会随之产生，有人会通过版权或是出版协议来宣称同名电影或是电视的版权。在你进行商标注册之前，对你想注册的商标和竞争者要进行彻底的研究，这样才可以评估是否有必要进行注册。如果你不确定，这里有几个问题可以帮助你：

- 这个标志是否直接和我的产品或服务有关？
- 这个标志在我的行业和普通人群里是否普遍运用？
- 其他人已经在使用它吗？如果有，他们已经注册过了吗？或是现有大量存在的知名品牌会造成市场认知的混乱吗？

假设你已经完成了初步分析。我们假设你对上面第一个问题的回答是肯定的，而其他两个问题是否定的。那么我们的"约翰·史密斯颠覆性成功方法"系列的标志就可以用来打造你的品牌和平台。如果你选择的是让传统出版商出版你的图书，那么你和你的律师还有一个问题要考虑——最好在你进入商标申请并支付相关的费用之前考虑：我赋予或是委托给出版商的权利是什么？

许多作者都很惊讶，尽管他们已经提出一些自己的权利，并清楚地在合同里告知出版商他们可以使用的相关权利，出版商还是有可能拿走协议外的权利。这要视协议的条款而论，这些条款有可能阻止作者在他们的业务中使用部分权利。

这并不是我假设的场景，我曾与一些作家合作，他们在与传统出版商的合作中陷入困境，为了保有自己的权利而转向混合出版模式，以便在自己的商业平台上能够充分利用这些权利。如果你正准备用你书中的内容或书名作为一项新业务的开始的话，在你考虑出版模式和与出版商进行谈判时，这一点千万不要忘记。

谁拥有你的作品

既然我们已经了解了版权和商标注册过程的基本知识，接下来的问题通常是谁来处理版权申请——出版商还是作者？

答案取决于你与出版商的协议。

在传统的出版模式中，出版商可能会处理版权申请。

与此相反，选择自助出版的作者，保留了他们作品所有的权利，同时也承担了保护自己作品的责任。

混合出版商则可以选择任何一种方式。例如，格林利夫出版集团允许作者保留其内容所有的知识产权，但也可以代表作者去处理版权申请。

拥有作品的版权也能让你控制侵权行为，包括在《数字千年版权法案》下要求互联网下线其内容的请求，以防止你的作品被侵权。在极少数的情况下，未得到授权的人把你图书的一部分（或全部）发布到网上，或者完全剽窃你的内容，但是换成自己的标题和封面来进行发布，如果你拥有作品的版权也能让你阻止这些情况的发生。

如果你的作品有合著者或供稿人，你应该拿到所有版权的书面协议，确保这些供稿人提供的任何内容要么完全原创，要么获得了应有的许可或是授权。这基本上也就意味着你的供稿人是在雇佣的基础上为你提供内容，把他们资料的版权指定给了你。

一般情况下，即使是传统的出版商也不会拿走所有权利。你总是保留着版权，除非你的作品是雇佣作品，版权从你手中转让出去了。

在法律方面，处理相关版权问题可能很棘手。对于许多作者来说，谁拥有他们的作品可能会成为最关键的影响因素，尤其是在涉及附属权利的问题上。

附属权利有哪些

当你在考虑图书作品权利时，最好把它当成是对一些较小权利集合的保护。虽然大多数情况下，你可以将大部分权利交给传统出版商，但很多情况下，让出版商实际所获得的权利仍有谈判的空间。

这就把我们引向了附属权利，从最初的出版格式而衍生出的不同形态的书最容易定义这些权利。这里列举一些附属权利（每个国家对此界定略有不同，具体参考各国著作权法规）的例子：

● 再版权：这包括把你的书出版成的平装版、大尺寸版、插图版、盲文版等等。

- 电影改编权：如果有制片人想要根据此书来拍摄电影或电视剧，他们将与版权所有人协商相关版权的条款。
- 书友会权：图书俱乐部，譬如"本月之书"，可以与版权所有者协商特殊优惠或印刷方式。
- 有声读物权：这包括制作和发布这本书有声读物版本的权利。
- 翻译权：外国出版商可以与版权所有者联系，以创作和发行翻译成另一种语言的版本。

乍一看，把所有权利都签给出版商，让他们代表你进行谈判似乎要简单得多。毕竟他们在行业内有着强大的人脉，并且在处理版权方面有更多的专业知识。不好的地方在哪里呢？

回答这个问题的最好方法就是对你的目标进行真实客观的评估。对于许多作者来说，这本书只是更大商业计划的一部分或是初始阶段，他们的目标并不局限于图书销售。

如果你打算用这本书来支持你的公司或品牌，那么维护辅助产品的附属权利非常重要。例如，如果没有适当的附属权利，你可能会被限制出品在线课程、开展研讨会或基于内容的演讲活动。

明确了将来你会如何使用这些内容，将有助于指导你如何发布你的作品以及授予哪些权利。

即使你走传统的出版路线，你也不希望你的版权处在一个被出版商绑住，但他们又没有太大兴趣推销它的位置上。出版商把书籍状态变成"按需印刷"以保证书籍在出版清单上又不会产生额外的开销，这种做法通常意味着有变化发生。按需印刷销售会减少实体零售的铺货量，所以如果这是你需要考虑的问题，那么一定要确认协议里包含出现这种情形时归还相关权利的条款（通过按需印刷转成数字发行、在生产过程中的放弃行为，等等），这样就可以收回你的权利，以重新掌控你的作品。

研究外文版权

丹·布朗和本笃有什么共同之处？虽然不多，但他们都知道如何利用翻译权，这是出版业的一个领域，在这个领域里，好的书籍和正确的交易就可以为作者和出版商提供一个不错的收入来源。

丹·布朗的文化巨著《达·芬奇密码》被翻译成四十多种语言，在欧洲尤其畅销。出版商获得了这本无处不在的书的版权，并连续几个月看着它登上畅销书排行榜榜首。

那本笃呢？他的意大利出版商里佐利出版社，将他的《万世救主》在北美的版权卖给了双日出版社，也就是兰登书屋的版本。双日出版社不仅购买了这本书在北美地区的英语版权，还明智地购买了西班牙语版权——当然，这要归功于欧洲大陆上讲西班牙语的天主教徒。

这些交易展示了畅销书的版权是如何在全球范围内传播的，但即使没有畅销书的地位，许多非虚构作家也发现，出售他们图书的翻译权，是一种在不需要预付成本的情况下实现收入多样化和创收的好方法。

一些出版商会把这一过程作为他们所拥有的权利领域来进行管理。如果你保留了翻译权，你可以指定一个代理单独跟进翻译权的交易。当然，代理商也只希望把时间花在真正具有市场潜力的图书上。

当你在考虑自己的书是否有在海外出版发行的潜力时，有一些要点值得注意：

你的书在海外得有市场

请记住，内容必须吸引外国出版商和代理商。在国外市场上大受欢迎的图书必须有一些全球性的主题，如果内容翻译起来很容易也会有所帮助。如果预计到需要花费宝贵的时间和金钱在冗长而困难的翻译上，那很可能会立即扼杀代理商和出版商的兴趣。受欢迎的类别往往是商业、励志、育儿和自我提升。如果是小说的话，只有当它拥有出色的销售记录和广泛的影响时，才可能有市场。

根据出版商的要求和作品的翻译方式，在这个过程中成品可能会有所变化。一本薄薄的书在某种语言下可能会变得很厚。实际出版的开本大小也可能和原来的不同。你无权出售的图片和插图必须被去除。

价格必须合理

与外国出版商敲定版税和预付款可能是件很棘手的事，尤其是在处理汇率和跨文化谈判时。版税通常在5%~10%之间。一些经验丰富的外文版权代理建议使用以下公式得出一个粗略的合理预付款数额：

第一版预期印数 × 版税百分比 × 零售定价＝预付款

翻译权的授予通常是四到五年，版税可以每六个月或者一年支付一次。但就像美国传统出版交易一样，除了翻译权的预付款之外，很难再看到更多钱进账。

条款必须明确

确保你准确地知道你售卖了什么权利以及售卖的期限。有声读物版权和电影改编权是否包含在内？这些权利是售卖到西班牙还是任何说西班牙语的地区？理清这些问题可以帮助你避开一些不必要的麻烦，并从这些版权售卖中获取最大的收益。

必须保持沟通

尽量少参与到翻译的过程当中，如果你参与得太多，那么在出版过程中没有收到外国出版商的消息，你就不要感到惊讶了。不要过于咄咄逼人，试着梳理这些联系人，并维持良好的关系。心理上的远距离会产生巨大的挫败感，尤其是事情进展缓慢的时候。许多外文版输出新手都会讲述拖欠版税和联系无回应的可怕故事。

长期致力于外文版权谈判的专家强调，在一项成功的交易中，私人关系往往是至关重要的。大多数情况下，你的联系人应该都会说英语，但文化差异依然存在。当然，记住要礼貌、友好，充分尊重对方，学习一下这个国家的知识也不会有什么坏处。令人尴尬的地理错误或是糟糕的态度，很容易让出版商跳过你而去找有着类似主题图书的代理商。基本上，翻译权不太可能为你的致富铺平道路。相对于这个数量的钱来说，这似乎是一项艰巨的任务，但你所做的任何事情都是找到致富的道路。（能告诉你的朋友，你的书在拉脱维亚卖得很好不也很有趣吗？）

外国读者对高质量的书如饥似渴。如果你正好符合他们的胃口，把它卖出去，看看会发生什么。

保护自己的知识产权

版权法枯燥无味，但了解它对你选择的出版路径的影响至关重要。

想想知识产权这个词，我们要处理的是你一生的经验、智慧、情感的投资，以及智力的投资。你的知识产权是一项非常有价值的资源，它应该以一种允许你从开发、创建和记录知识产权的过程中获得最大收益的方式加以保护和管理。无论这意味着要选择一种支持你拥有权利的出版模式，还是咬牙切齿地谈判，争取你的出版商不能利用的权利，都要对围绕你的想法所获得的合法权益采取强硬立场。

一旦你知道可以掌控哪些权利，并把它们纳入你的总体计划中，它们就不会被闲置而成为错失良机的牺牲品。如果你继续保留这些权利的控制权，你也就是这些权利的老板，以及掌控这些权利的管家。当你的书通过媒体资料、畅销书排行榜、"最佳……"等获得读者关注时，你一定要把握住推销外文版权、电影改编等机会。

如果你自己处理这件事，提前准备好相关资源和合作伙伴（比如版权结算中心），以确保在必要的时候有恰当的联系人，并且有趁热打铁的准备。很多时候，机会往往会创造更多的机会。

创意，影响力，变现

Part2
影响力：打造你独一无二的个人品牌

INFLUENCE
AND INCOME

07 构建你的社交平台

谁掌握了民意,谁就能获得成功。一旦失去民意,他将一事无成。

——亚伯拉罕·林肯[1]

---
[1] 亚伯拉罕·林肯:美国第十六任总统。

经济状况是私人问题。大多数人都没考虑过和伴侣、合伙人或亲属以外的人讨论自己的经济状况，但苏茜·欧曼并非如此。欧曼曾是一名理财顾问，现在是电视节目主持人、畅销书作家，她通过每天接听受众来电，了解其经济问题并给出切实有效的解决办法，获得了巨大的成功。欧曼的建议通常比较"简单粗暴"，她鼓励受众积极果断地改变自己的财务状况，这对任何人来说都不是一件容易的事情。

　　欧曼通过这种颠覆传统的方法和专业的知识吸引了上百万的受众，并获得了巨大的成功。她的电视节目《苏茜·欧曼秀》已经播出了12季，是美国财经频道收视率最好的节目。她还连续出版了9本畅销书，组织了美国公共广播公司最大的资金筹集活动。

　　每个人都想听欧曼的锦囊妙计。受众们不仅对她的建议全盘采纳，还会主动和其他人分享。她的言论总会成为热点话题，我们不得不佩服她强大的影响力和吸粉力。欧曼建立社交平台的经验非常值得学习。她的成功并不是一蹴而就的，而是因为她深入挖掘了市场需求（个性化理财建议），并将之转化成获得广泛关注的个人品牌。

　　如果说创意是建立社交平台的基础，那么影响力就是最重要的工具。没有深远的影响力，再好的创意都无法生存。所以你得找出目标受众，通过线上和线下的活动建立良好的关系，培养黏性粉丝。你能否成为像苏茜·欧曼这样的畅销书作家呢？出版商向来谨小慎微，如果能预测未来，他们只会选择一定大卖的作品。但你可以通过建立良好的社交平台来增加自己成为畅销书作家的可能性。

每位作家都想写出畅销作品，但有些人很难完成这个目标，而对另一些人来说，只是策略问题。成为畅销书作家（只要是《纽约时报》或《华尔街日报》认可的都算）不仅可以提高公信力，甚至可以提高出场费。拥有一个活跃而庞大的受众群是达到这个目标非常重要的一环。所以要是想成为格林利夫出版集团旗下一名畅销书作家，必须确保你所拥有的社交平台基数庞大，与作品关联紧密，受到读者的广泛支持。这些要求只是最重要的，但绝不仅限于此。出版领域和其他领域一样，销售的门道相差无几。

在出版行业，我们用"社交平台"一词代表作者可能接触的目标受众。他们是支持者、粉丝。他们不仅能接受作者所提供的信息，还有继续读下去的欲望。社交平台不仅仅脱胎于个人品牌，更包括了积极参与的受众，也就是每个商业活动中都必需的狂热的粉丝，正是这些粉丝使作者和作品脱颖而出。

好的内容是一本书成功的关键，要么具有实用性，要么具有娱乐性。长期热销固然是个很重要的目标，但是想成为畅销书作家就得懂得营销之道，因为畅销书排行榜每周都在更新。想要在一周内超过上千本书，作家最好组织一些活动并发动整个社交平台参与进来。虽然没有必要在图书发布第一周就造势成为畅销书，但根据我以往网络营销的经验，第一周就一举登上畅销书排行榜是比较理想的。图书零售商都懂得迎合流行趋势，如果你的新书有引领潮流之势，图书销售额也会增加。

庞大的受众基数

说回社交平台最重要的品质，你需要多大的社交平台呢？不同的作者答案不一样，这取决于你能把多少读者转换成消费者。要记住初期阶段主要靠的是口碑销售，因为还没有多少人读完。想要在发布第一周就获得不俗的销售成绩，就得让社交平台内的粉丝们第一时间进行订购。

对准受众需求

基数庞大的社交平台是很重要，但不是增加销量的关键。作者的书需要和作者个人品牌联系紧密才能影响基数庞大的社交平台。例如卡戴珊家族的金小妹凯丽和肯达尔·詹娜共同完成的小说《反叛：因陀罗之城》。她们俩的社交媒体账号 Instagram 共有 1.1 亿的粉丝，比墨西哥总人口数还要多。但从 2014 年发布到 2017 年 6 月，她们的小说才卖出 1.7 万本。为什么销量如此低？人们很容易质疑她们粉丝的真实性，可即使我们大胆地假设有一半是僵尸粉，这个转化率依旧非常不理想。真正的原因是这本书不是她们的粉丝想要的。粉丝们想看美妆、时尚、名人故事，这本书却是一本反乌托邦式的女孩小说，充满了"自由、热情和亲情"。这种主题的小说没有任何问题，只是不符合她社交平台的调性。卡戴珊姐妹如果能注意到个人品牌的特点和粉丝的需求，她们的书肯定能获得巨大的成功。

这里要说的是，有时候我们很容易受金钱的诱惑而做出与个人品牌内核不符的产品，所以一定要学会拒绝偏离正轨的契机。

获得广泛的支持

最后，好的社交平台绝对拥有广泛的支持。最好的营销手段来自读者的口碑推荐。网上营销、口碑营销、社会认可、读者评价等都是众所周知的令销量长红的手段。如果你尊重读者，给予他们高质量的产品，你的回报将会翻倍——他们的诚意推荐。这无疑可以使畅销书作家之路走起来更容易一些。

从根本上来说，书是一种消费品。在出版行业中，内容出色不一定能确保成功。图书销售主要是作者驱动的。威尔森数据2009年对买书行为的调查显示，作家的名气是读者决定买书最重要的因素。你的社交平台就是你的品牌力量，一些营销手段可能是美丽的意外，但大部分都经过精心策划。好消息是任何作者都能建立一个有战略性的社交平台。

引发讨论热度的第一条规则就是给读者以讨论热度。图书发布的时候给了你一个机会以作者的身份发布官方消息，进行媒体宣传，与对你感兴趣的记者和活动组织者沟通，与老受众和潜在受众进行接触。这些全都要借助于社交平台的力量。建立社交平台最重要的就是计划、评估当前社交平台和个人品牌，与读者进行真正的、持续不断的联系。

尽早建立起社交平台

社交平台不仅重要，而且需要尽早建立。说真的，你该从现在开始。

这归结于媒体的一个基本事实：我们拥有巨大的内容供应，内容的需求却很有限。考虑一下你想传递信息的对象，和你一样，读者的关注面其实非常窄，读书时间也非常有限，所以对书都会精挑细选。每年有成千上万本书出版，更不用说还有博客、电视、杂志、视频网站，等等。而且读书要花的时间比其他内容多，所以你应该意识到，当你想要读者购买你的书时，你不仅要他们花费几十美元，你也要占用他们两个星期的时间。

企业家加里·维纳查克曾经上过艾伦秀、美国国家公共广播、美国有线电视新闻网络，写过《纽约时报》和《华尔街日报》认可的畅销书，社交网站个人主页有超过 100 万的粉丝。他在 8 年里使家族红酒产业营业额从每年 300 万美元增长到 4500 万美元。在他 35 岁的时候，他就在做着几份生意，有一群自称"维纳查丝"的粉丝。简而言之，他就是行走的教科书，随时都在展示社交平台的作用。

好好建立社交平台

但怎样才能成为像维纳查克这样的专家呢？强大的社交平台是建立在好的想法之上的。想法是基础，是你能够提供给读者的东西，是你赚钱的工具。

要写出读者喜欢并愿意付钱的内容取决于很多方面，包括找到你自己真正喜欢做的事，瞄准你的读者群并知道他们想要什么，用出色的内容把你喜欢做的事和受众联系起来。下面让我们来逐步完成建立社交平台的具体过程，仔细看看这些具体过程意味着什么。

做自己真正喜欢的事

喜欢自己写作的主题是很有必要的。如果你自己没法全身心投入，你的读者当然也不会——而且你还有可能在漫长的写作过程中失去动力。最好的状态是——你喜欢做的事正好得到了该领域的认可。如果你是个专业魔术师,想在"深海"中建立起自己的社交平台,那你就得比那些已经在水中扑腾的人更加努力。

与社交平台建立联系

你是否想创造出自己的内容?或者你的内容是否与你所传达的信息联系紧密?这两个问题的答案取决于你的社交平台是为谁而建,为你这个人,还是为你的生意(或者"你"这个人本身就是生意)?如果你是在建立个人社交平台,那就得让粉丝觉得他们可以通过这个平台与真正的你进行交流——而不仅仅是你的观众。文学作品出版商蕾切尔·加德纳在她的博客中说道:"现在比以往更难用书吸引到读者,解决这个问题的办法就是加强作者与读者之间的联系,也就意味着你身为作者,得主动与读者建立联系。"

加里·维纳查克(现已退休)每周都会录制个人视频博客《每日葡萄酒》。他是为他的粉丝做的。浏览他的社交平台,就会发现这是对他追随者的一连串回应。粉丝会觉得和他联系紧密,事实也确实如此。

制定内容策略

你会怎么呈现内容?用博客、视频、讲座、网络研讨会、文章或是书?混合使用这些办法可能使效果最大化,但不论用哪种方法,你得知道受众的反应。他们怎样才能学得最好？你的内容适合做什么样的调整？找出这些问题的答案。

收集和整理

建立社交平台需要合适的内容，我有一个建立强大社交平台的小建议：不要忽视内容！你需要详细的内容、完善的社交平台。内容效果最大化的方法有很多种。整理好关于你的新闻报道、博客文章、电台和电视采访、文字记录，等等。根据不同的主题把内容分成不同的模块，当专栏或其他媒体约稿时，你就能迅速找出合适的内容。这种整理内容的方法可以避免很多今后可能出现的麻烦。

明确内容与读者需求之间的关系

在与读者密切接触前要做一次调研。他们是谁？他们是做什么的？他们有什么困难？他们在乎什么？除了你，他们还愿意听谁说话？知道竞争者的能力同样重要，你必须使自己的内容与别人区别开来，并专注于填补市场空白。

加里·维纳查克富有远见地意识到了电商大有潜力，所以在1997年创办了红酒图书馆（winelibrary.com）网站。同时，他迅速发现了品酒界缺少诚实不吹捧品牌的评论。于是他开始做红酒测评视频，用受众听得懂的话评价红酒，比如"微臭""橡木味儿"等。这些评价迅速在网上获得了平均每日十万的观看量。他用简单直白的语言填补了品酒界的空白。

定期创作新内容

制订计划并严格执行。做好日程表，让内容能持续更新。内容营销机构可以指导建立日程表。日程表不仅能确保内容正常更新，也能帮助你思考如何对你的内容做出调整。

再以维纳查克为例，让我们想象一下他的日程表是什么样子的。我们先把所有需要写的内容放在一个框里，内容包括红酒、白葡萄酒、桃红葡萄酒、食物搭配。我们计划每周发布四条视频，每个视频对应上述的一个内容。星期一是红葡萄酒，星期二是白葡萄酒，星期四是桃红葡萄酒，星期五则是食物搭配灵感。

下一步，罗列出子目录。在红葡萄酒下面，列出不同的红酒类型（梅洛、赤霞珠、马尔贝克等），也可以根据产地进行划分。不管怎么分，要确保内容具有连续性。这样做的目的是避免一个月连续讲三次马尔贝克，而忽略了梅洛的爱好者。

接下来就可以规划具体的博客内容。使用相关工具细化这个表格，示例如下。

星期一	星期二	星期三	星期四	星期五
红葡萄酒：梅洛	白葡萄酒：夏敦埃		桃红葡萄酒：黑皮诺	食物搭配：传统汉堡包
红葡萄酒：赤霞珠	白葡萄酒：雷司令		桃红葡萄酒：色拉子	食物搭配：泰餐外卖
红葡萄酒：马尔贝克	白葡萄酒：白诗南		桃红葡萄酒：梅洛	食物搭配：得克萨斯烧烤
红葡萄酒：黑皮诺	白葡萄酒：维欧尼		桃红葡萄酒：夏敦埃	食物搭配：比萨

把内容计划具体罗列出来可以让它更清楚、更有规律。如果老是因为种种原因不发赤霞珠红酒的视频怎么办？或许你可以做一集特辑或是一系列短片，甚至可以在以后规划更多关于赤霞珠的内容。

在日程表编制完成之前，还有几点需要注意：每一期内容应该什么时间点前做完？如果你有好几个视频制作者，该由哪一个完成哪一项具体工作？而且，具体到这个例子，每次视频中你会用到具体哪一支红酒？考虑问题越具体越好。

但也要让日程表灵活可变化。制订日程表的目标是让你有计划性，不是为了禁锢你的创造力。如果你有机会和有影响力的人合作，一定要抓住机会！如果你觉得内容开始变得老套，那就尽快做出调整。不时回顾日程表可以总结分析出什么内容引起了读者的共鸣，而什么内容没有让受众感到受益。就像维纳查克，运用好日程表可以让你条理清楚地使内容得到最大化的使用。

随时关注行业动态

你不仅得是一名专家，还得把专家的名号保持下去。受众必须从你这儿获得最新的信息和理念，不然你可能会失去受众。

当激情、好的理念、受众的需求一同发挥作用时，好的内容就诞生了。维纳查克把他熟知并热爱的事业（葡萄酒），用一种全新的讲述方法（平易近人的语气），在一个可以互动的媒体平台上（视频博客）呈现了出来。最重要的是他是生动真实的。如果以一种不属于你自己的"声音"进行写作、演讲或是采访都会令你筋疲力尽。如果无法保持自我，你很有可能撑不到建立起社交平台。保持本色，寻找自己与众不同的地方，让自己真正脱颖而出。

维纳查克的成功源于他的内容，你的成功也会如此。内容会转化成建立品牌平台的动力源泉，毕竟这是一个"内容为王"的时代。

评估你的品牌

为了有效地建立起自己的品牌，你需要清楚你的个人品牌目前处于什么位置，现状如何。"品牌评估"是一个可以分析品牌和营销效果的方法，通过这个方法，你可以确定未来的品牌目标、受众和自己对品牌的定位差异，最后达成共识。很多人运用公司品牌评估法，即SWOT分析法（优势、劣势、机会、威胁），评估商业计划、创新理念、广告素材、媒体发布、分析报告等。作为一名作者，你可以不用做那么多，只需关注最基础的品牌评估。下面让我们来看看一些标准的评估。

品牌标志

品牌标志由你控制的一系列元素组成，受众也许会注意到这些元素并把它们和你的品牌联系起来。有些元素属于作者本身，有些则属于作者的产品。始终如一的品牌身份会加强品牌认同感。把这些元素列一个详细的清单，这样你就知道该怎么使用。

品牌定位

你可以为受众带来什么？问题的答案我们叫作"承诺"，承诺的内容通常是信息或者娱乐范畴，比如，教小企业快速实现利润增长，或者让一本基于丰富研究的科幻小说更吸引人。成功的品牌作家会保持自己的独特性，并努力在所有的作品中让承诺兑现。

品牌口号

口号通常要简短好记，强调品牌的某一方面特点。口号可以是描述性的，也可以是感慨性的。例如，CNN的口号是"CNN，新闻中最值得信赖的品牌"（描述性）。作家丹尼尔·阿曼是"头脑医生"。麦当劳的口号是"我就喜欢"（感慨性）。如果你的品牌已经众所周知，那用感慨性的口号明显更好。

商标

把你和其他品牌区别开的就是你的logo。比如耐克的"钩"和苹果公司的"苹果"标志。出版公司通常有自己的logo。独立作者可能不需要设计logo，但如果你确实有logo，请坚持使用，因为受众对品牌的认知是成功的关键。

字体和颜色

在出版行业中，字体和颜色可以发挥强大的作用，特别是对系列作品。在网上搜索《穷爸爸，富爸爸》，你会注意到出版商一直用的都是紫色和金色。《暮光之城》系列用的是独特的字体，黑色、白色和红色的颜色对比也很强烈。

上述细节在建立品牌形象时非常重要。这些细节可能看起来很小，但是读者可以通过它们认识你并把你与其他品牌区别开来。

品牌形象

品牌标志表明了你是谁，品牌形象则可以展示你的想法。虽然品牌标志是由你建立，但品牌形象却是由受众解读并定义的。例如，你可能把你的网站定位为社交媒体或 Web 2.0，但该网站上信息量少，使用者寥寥无几，网站设计过时等因素可能使得品牌形象并不符合这个定位。

对于已发表过作品的作者，受众的评论和媒体评价是评估品牌形象的一种简单方法。如果你的品牌把你描绘成一个以突破性方式获得幸福感的创造者，而读者却觉得你的作品毫无新意，这就是品牌形象出了问题。

为你的名字和图书书名设置关键搜索词条，以保持反馈和热度。不要过度关注偶发性负面评论，因为你应该关注的是评论的整体趋势，而不是某一条评论。品牌认同和品牌形象之间的差距可以弥补，但需要时间和不懈努力（可能还需要营销团队和公司的帮助）。

品牌战略

一旦拥有了自己的品牌标志和品牌形象，你就可以建立一个品牌战略，即拓展品牌知名度的计划。计划要长远，然后将其分解为一个个短期目标。如果你是一位素食食谱作家，并想拥有自己的电视节目，你需要自己设置时间节点和目标，如获得媒体评价、演讲、产品开发，等等。品牌战略是社交平台建设的重要组成部分。由于你的图书是品牌的延伸，因此你的图书营销计划也属于这一品牌战略范围。

营销和品牌维护

虽然大公司有很多负责营销和品牌维护的人，但他们仍将某些工作外包给更专业的团队。对于作者或出版商来说，他们不可能拥有一整套完全合适的营销策略，作者自身更不可能客观地看待自己的作品。虽然的确有一些营销行为和品牌维护所需的资源不多，但是将重要部分外包仍然很重要。一开始就建立好的品牌信誉要比做错了再来弥补简单得多，所以你的合作伙伴必须是一流的。在评估合作伙伴时，要看他们是否能深刻理解你的受众，以及对你的项目兴趣究竟有多大。

建立社交平台和品牌发展中的调研和规划特别重要。越早进行将越有助于确保平台基础的稳固性。

如果不确定内容的基调和方向，可以用博客做调查和实验并观察读者的反应。通过博客可以识别主要、次要甚至第三级受众，这样就能针对不同的读者确定不同的内容，以及可以为他们解决的问题。鼓励你的团队进行研究，并为他们提供研究工具，比如解读亚马逊销售排名的网站。如果你有足够的精力和时间也可以自己做。这些研究分析可以为你维护你的品牌提供关键信息。

保持品牌个性化

个人品牌在塑造意见领袖的影响方面发挥了至关重要的作用，无论是对业务还是对广泛的受众都有很大的影响。强大的个人品牌将个人形象与公司联系起来，这可以使人们联想（并记住）品牌。

一个强劲的个人品牌可以带动百万元的生意，而卓越的个人品牌甚至可以把这样的生意提升为能创造百万价值的意见领袖，然后出畅销书、巡回演讲（想想维纳查克）。在决定是否应该将个人品牌置于商业品牌之上时有一些风险需要考虑，尤其是在涉及销售业务时。

如果个人品牌占优，那么有五个关键要素可以帮助你成功：真实性、差异性、一致性、社群性和持续不断的努力。

真实性

坚持自己的风格和信仰格外重要。我曾遇到过一些有雄心壮志的作者，他们直截了当地说："我想写一本书，为了说明作为老板关注企业文化的重要性。"听上去非常好，我会鼓励他们把大纲或者写的一些章节发给我看看。这时候他们会说："我可能会需要找一位代笔。因为我不知道该说什么。"

在这种情况下，这个人写作的真实性存疑。即使书写出来了，可能也会有问题，因为它缺乏激情。即使有代笔参与，作者必须有基本的想法。在不确定是否可以写书之前，我会鼓励这个人写写博客，看看他的内容和想法是否足以支撑出书。

这只是我遇到的一个案例，但你应该能明白其中的意思。如果想法不真实，那文章就没有说服力。

差异性

现在乱七八糟的信息十分猖獗。想想你在网站、博客，甚至搜索引擎上所接触的信息。你浏览速度很快因为你需要过滤掉不需要的信息。你最终的目的是希望品牌足够好，可以让人们与他人分享——但首先你得让受众停下来注意到你。这与真实性密切相关，因为如果你能确定自己和其他品牌的差异，这将会是很好的机会。但无论是通过你的经验、商业基础、客户基础，还是你的风格和作品，都很难看出自己的不同之处。但有品牌推广专家的帮助，你可以确保这一点不出差错。

一致性

当与其他品牌的差异拉开以后，你就需要反思确保自己品牌形象的一致性，并把你的特点贯穿于所有平台。比如，文字和视频、图片（标题、颜色、字体等）不应该因网站和社交媒体网络而异。更重要的是，你应该为自己的内容发声。抓住受众给你的每一个机会，用来增长自己的品牌价值。

社群性

获得知名度是好事，但真正走得长远的成功品牌，总有一群热情的粉丝。尽管社群这个词代表的是社交媒体上的粉丝，但其实社群远远不止客户、同行和其他志同道合的人以及对你信息感兴趣的人。

蓬勃发展的社群有足够大的覆盖面，同时也会提高活动参与的质量。以社交媒体为例，如果没有人对你的行为做出反馈，那么即使拥有数百万人的社群也是徒劳。社群里肯定会有不喜欢你的人，但你得振奋起来专注于为粉丝服务，并保持前进的势头。

持续不断的努力

用以上提到的所有元素创造强大的品牌需要付出很多。知名品牌通常都要经过数年甚至数十年的发展。可能会有一些捷径，但大多数情况下，它需要充分考虑过的想法，以及充足的时间和丰富的资源（正如大多数价值百万美元的创意一样）。

一开始想要获得进步并不难，这一过程也很有趣。一步一个脚印地创造品牌（特别是在感觉没有任何回报的时候），真正强大的品牌会从那些不努力的竞争对手中脱颖而出。这是一项艰苦的工作，你应该做出相应的规划。

俗话说，种一棵树最好的时间是十年前，而后是现在。

专心致志做好策划

建立社交平台和个人品牌将有助于铺平成功的道路。有一批支持你和你想法的粉丝是你最大的财富。在与平台的互动中保持一致性和真实性。最后，一定要做好筹划。准备好品牌策略，立即开始建立社交平台吧！

INFLUENCE
AND INCOME

08 和目标受众建立真正的联系

如果有选择，人们总会把时间花在他们喜欢的人身上。

——加里·维纳查克[1]

---

[1] 加里·维纳查克：创业者、畅销书作家、演说家、天使投资人。

在建立了平台、有了受众群后，与他们保持联系非常重要，最好是通过强有力的社交媒体、时事通讯、视频和演讲活动。当然，所有这些活动都应该与你的品牌风格保持一致。

保持社交媒体活跃度

当今世界是由意见领袖领导的，社交媒体的活跃度是关键。但想要成功，难道需要在每一个社交平台上都有众多粉丝？这可不一定。在写本章时，我对要不要列出具体的社交平台名字而犹豫，因为我知道这样会把这本书定位在特定的时间段里。毕竟现在 Myspace（Myspace 是英语国家的社交网站）和 Vine（Vine 是一款免费移动应用，允许用户创建最长 6 秒的短片并分享到社交网络）都已经很少被提及了，而目前火热的社交平台也很可能会逐渐被取代。

接下来我会分享一些关于现在主要社交平台的基本信息，但重点会分享一些成功案例，希望能对你有所启发。

社交媒体运营入门

对于那些没有线上运营个人账号经验的人来说，采用全面的社交媒体战略听起来会非常艰巨。因为除了写一本书，全职工作，还有个人生活外，还需要加上运营流行的社交平台的相关工作。

在压力过大崩溃之前，你得知道完全不需要在每个平台上都成为大咖。如果你刚开始接触社交网络，最好做一些基础调查来适应。每个平台的受众，以及发文所用的语调、格式都略有不同，要充分理解各个平台的调性。

花一些时间研究一下：究竟是哪些人在用这个社交平台？这个平台普通用户的年龄是多少？他们主要是男性还是女性？举例来说，Instagram 在各社交媒体平台中偏向年轻化，年龄在 18-29 岁的用户数量是 LinkedIn 的两倍。

想一想：你潜在的读者群是哪些人？你最有可能在哪些社交媒体中找到他们？

除了用户的相关画像之外，另一个需要考虑的因素是不同社交媒体的类型。你想分享哪些内容？你会分享最近发表的文章的链接吗？你想分享播客或旅行中的照片吗？

在很大程度上，你分享的内容类型将决定你使用什么媒体平台。具有强烈视觉吸引力的内容在 Instagram 或 Pinterest 影响力较大，而长篇文章可能会在 LinkedIn 受欢迎。花点时间留意不同社交媒体上的内容和对话。你不需要专门为特定平台创作新内容，但你应该把现有的内容用最有效果的方式呈现出来。

做好内容规划

对于许多社交媒体新手来说，另一个难点是搞清楚要发布什么内容以及发布频率。社交媒体变化迅速，不断推出新内容的想法会让你精疲力竭。

如果你已经出了一本书，那能发布的内容就如同金矿中的金子一样等待被挖掘。一旦你了解了不同网站的风格，你就可以将现有的内容改编至相应的风格。

首先创建一个日程表，明确发布频率。主要考虑两个因素：你想分享多少内容以及社交媒体的更新速度。现在，平均每条推文的寿命大约为 18 分钟。所以，如果你的目标受众在 Twitter 上，至少保证每周发布一次的频率，不能再低了。

假设你已决定使用 Twitter 和 LinkedIn，每天发布三条推文，每周在 LinkedIn 发一篇文章。这时你的日程表就有用了。为了避免每隔几小时刷新 Twitter，列出你每周或每月发布不同主题的时间表，并使用相关定时推送的工具自动发送。这不仅可以帮助你避免不知道发什么，还可以帮助你了解你谈论某些话题的频率。

例如，如果你的目标是推动图书的销量，那么书中的免费内容、书籍评论的链接以及号召大家购买等不同类型的推文都可以让你的受众在帖子中看到你。也就是说，如果推文的周期寿命如此之短，而你每个月只发布一次的话，你的粉丝很有可能错过你的信息。最好内容日历可以防止你一遍又一遍地发布相似的内容。同样地，它也可以保证保持一定频率的内容更新。

总而言之，灵活性很重要。如果发生什么国家性悲剧，在社交媒体上庆祝自己发布了新书可能不合时宜。另一方面，如果发生了一些新奇的热门事情，可以放弃原本的发布计划，而关注这个消息，并以此为内容的突破口。因为社交媒体世界变化之快，需要你适应并顺势而为。

和粉丝互动

社交媒体背后的整个理念是，允许每个人都能在网络上保持联系并"社交"。有了日程表，你创作的内容就算加入了社交媒体，但还不算真的"社交"。你的受众在社交媒体上寻求与你的交流，越多的人在社交网络上与你互动，就有越多的人可能成为你的粉丝。

最简单的方法是分享其他地方不易获得的信息。换句话说，让你的粉丝走进你的幕后生活。使用社交网站的"Stories"或"Live"可以随时随地与粉丝交流。让他们看看你的办公室，谈谈你最近读的东西，或让他们参与到庆祝活动中来。向受众呈现你认为他们想看到的，但不要把销售辞令挂在嘴边，老是让粉丝去买书。

另一个简单方法就是回复留言。再进一步，可以分享和评论相似的内容。即使你每天只留出 15 分钟，这样做也会让你出现在目标用户面前，从而扩大内容的辐射范围。

对于作者而言，赠品是一种可以与潜在读者建立联系，并让他们成为你书籍的传播者的有效方式。像 Goodreads 这样的网站送福利的方式更简单，他们让热心读者们参与活动，获奖的人还能立马在网站上发布自己的读后感。Instagram 也是适合发福利的地方，作者可以要求粉丝在评论或转发中 @ 好友，然后随机选择获奖者赠送书籍。即使获奖者数量有限，增加曝光度也能推动图书的销售。

发布实时通讯[①]

在你建立受众群的过程中，需要考虑受众不浏览你的社交软件主页或你个人网站的时间里，你该如何与他们保持联系。你的追随者可能在逐步增长，但你只是出现在他们视野中数千万种声音中的一种。没有人

---

① 实时通讯：是一种透过网络进行通信的系统，允许两人或多人使用网络即时地传递文字消息、文件、语音与视频，实现交流。

能保证，如果受众在没有收到吸引人的、与你人设调性一致的、没有干扰的内容的情况下，他们会记得当初为什么追随你。毫无疑问，检查所有这些问题的最好方法是发布实时通讯。

虽然发布实时通讯的想法对某些人来说似乎过时了，但这是通往受众电子邮箱的门票，因为他们每天都会登录电子邮箱（可能一天会登录二十次）。分享你写的文章、行业的相关新闻、你对最近世界新闻的看法，或上述所有内容的综合。实时通讯是你向受众表达自己并建立信任的机会。

如果要增加一个与读者沟通的渠道，让你觉得要放弃一些东西，那你得打起精神了。通过简单的计划和有技巧地使用现有内容，实时通讯可以达成，且不需要太长的时间就能达到想要的效果。如果读者能一直从你这儿收到结构紧凑、内容翔实的信息，他们更有可能在其他平台与你互动，并可能为你的产品或服务付费。

通常需要花一些时间才能让实时通讯展示你的特点，以及让你找到适合的节奏和风格，所以如果一开始没成功，不要气馁。最重要的是开始着手做这件事。为自己制作一个时间表，建立一个电子邮件列表，并标记出哪些内容是对写实时通讯有用的工具。列出你想要使用的内容是开始一个成功的实时通讯的有效方式。

规划发布的内容

通过提前计划写作内容，你可以节省时间，避免盯着空白屏幕或在该交稿的最后一分钟才收集内容。

确定一个适合自己的频率（可能是每周、每月或每季度），这可以使你找到自己的工作节奏。撰写一本900页小说的作者可能更新频率是每季度一次，而社交媒体的营销人员则建议每周都更新。一旦确定了时间表，就坚持下去。如果你要亲自去见一个人，并且想赢得他的信任，只要你愿意，你就会出现。同样的逻辑也适用于实时通讯。

在做规划时，季节性的或是和行业相关的内容可以被包含在内。假期、奥运会、所在的行业为举办大型会议做准备的时候，你可以提供什么附加价值？通过展望未来，你可以给自己留出时间来创造新内容，日程满满的日历总是能鼓舞人。

建立电子邮件通讯录

你的实时通讯需要有"去处"，所以你需要建立一个电子邮件的通讯录。这项任务的挑战是，每个人都担心电子邮件地址泄露而被垃圾邮件和广告所淹没。

你可以通过向读者提供一些有用的礼物来激励他们分享自己的邮件地址。可以是你开发的新软件的试用版，也可以是你的免费在线课程，也可以让读者免费阅读你图书的第一章。并向他们保证邮箱地址是用于发送实时通讯，在社交媒体上发布赠送礼品的信息，以吸引流量到你的主页。

会议、演讲活动和网络研讨会也是邀请人们订阅你实时通讯的绝佳机会。只要吸引到了对你感兴趣的读者，就要给机会让他们继续与你保持联结。

一旦有人给了你邮件地址，一定要小心处理。一味地推销，只会让他们取消订阅。如果你尊重读者的时间，并将电子邮件的更新保持在最低频率，那么当你推销时，才有可能获得关注。

内容编辑

实时通讯给了你地方表达自己的个性，让你可以在重要的主题上发表个人见解。在短短的实时通讯中，你可以：

- 解决读者的困难：分享方法、策略以及教程。
- 当好内容发布者和意见领袖：分享行业新闻以及你的观点和见解。
- 鼓励读者参与：分享即将举行的会议、演讲和签售会的详细信息。

- 创建强大的数字内容库：分享视频、举办网络研讨会来吸引读者。

如果上述任何一项看起来让人生畏，那么转变想法让编辑实时通讯变得更有趣、更愉快。当你发现一篇有趣的文章或设计不错的图表时，请保存下来以便添加到未来合适的内容中。订阅一些同行和竞争对手的实时通讯，随时了解所在领域的新鲜事。找出你感兴趣的话题，用已有的文章支持你的观点。

有些人以实时通讯为契机，以传统信函的形式分享他们对当前热点问题的想法（这可能是适合你的风格），但总的来说，你关注的话题最好少而精。将内容总结成要点和行动指南，确保读者只用花少量时间就能获得有效信息。

如果你决定写一封长信，通俗易懂应该仍然是你需要坚持的原则。尽量不要超过五个段落，并确保每个单词使用精准。文本中包含的文章或网站链接可以用来吸引浏览者的注意力，要确保开头和结尾明确阐述了你的观点。

实时通讯可以确保你和读者的沟通不被干扰。当你在写实时通讯时，心中想的是为特定受众所定制的内容，你会期待与他们分享信息。如果你对选定的话题感到兴奋，你的目标受众也会如此。

制作视频

除了一对一地当面沟通之外，视频是增加你主页的关注度、展示你的专业知识和说话技巧以及在个人层面上与你的观众联系的最有力的方式。

目前，视频也是提升线上影响力的主要方式。根据 Eyeview 的研究，主页上有视频可以增加 80% 的访问量。如果要说有效沟通，Forrester 研究员詹姆士·麦克维博士估计，1 分钟的视频相当于 180 万字。

不要觉得视频对你的内容没有帮助——请记住，视频只是一种扩大影响、吸引不同受众的方式，视频内容的主要来源是你的内容。好的视频内容也以其他几种方式为你增加价值：

- 它突出了你的专业性。使受众看到和听到动态的你，有助于巩固你的专家地位。
- 它展示了你的演讲技巧。有抱负的作者必须有一些现场演讲的视频样本。
- 它展示了你的个性。有时，在书面文字中很难捕捉到某些幽默感或真实性，视频可以展示你的独特个性。
- 它提供了价值。最重要的是，它为受众提供了一些有价值的东西，无论是信息还是娱乐。

制作视频并不困难，只需按照几个基本步骤，就可以与全世界分享你的专业知识。

设备

首先，你需要一台计算机、一台摄像机或一台高质量的手机或一个电脑摄像头。你也可以从媒体租赁网点租用专业设备，如果你打算一次拍一堆视频，这会是一个好主意。

你的计算机和相机可能已嵌入麦克风。但是，如果你计划在有大量背景噪声的地方工作，或在公共环境中录制，那么外置麦克风就是一笔值得的投资。一个好的外置麦克风不到 50 美元，可以将充满噪声的草根视频升级成有专业音效的视频，让受众专注于内容，而不是制作过程中的缺点。

拍摄视频后，你需要更正错误、流程和长度，并根据需要添加音乐和图片。通常，你需要一个简介和结语。简介包括合适的音乐，你的照片或书籍的封面，以及视频或视频系列的名称。结语要包含以上所有内容以及一句号召性的话，最好就是在线购买该书的链接。

在 ideasinfluenceandincome.com 这个网站上你可以查看视频编辑工具，以及免版税的音乐，海量图片资源，以及简介、结语的学习样本。

位置和设置

视频的拍摄地点和设备一样重要。你不需要专业的工作室来制作高质量的视频，只需遵循以下关键指导原则即可。

拍摄时，请选择自然光线明亮，背景噪声小的场所。只要你光线充足，没有炫目的光，并且可以控制周围的噪声量，不会被中途打断，室内或室外无所谓。

请记住，麦克风可能会收录大量的背景噪声，如火车、开关门声等。你的大脑完美地过滤了那些噪声，但如果你不能控制所在环境的噪声，麦克风所能收录的噪声量要远远超出你的想象。为了避免这些麻烦，可以考虑拍摄当天聘请专业的摄像师，因为摄像师应该都能够识别出明显的噪声干扰。

使用专业的灯光和中性背景色——亮白色和奶白色最适合在室内使用。如果是室外拍摄，请选择浅色墙壁或自然光线充足的位置。

最大限度地减少或消除周围环境的混乱，让受众的注意力放在你的身上。如果在办公室里拍摄，请移除多余的纸张、食物、便签和其他不必要物品，以免这些东西出现在视频里，因为这些物品可能会分散受众对你和内容的关注。

如果是你独自出镜的视频，请将自己放在中间靠前的位置，把相机的焦点对在脸和上半身上,就像你与受众面对面站立一样。只有需要展示全身活动的时候才采用全身角度。

视频内容

视频时长通常在 2 分钟到 5 分钟,但特殊情况下可以更长。可把视频看成是书、演讲或研讨会的预告片。它们应该提供关键、独立、有用的信息。好的内容可以包括:

- 如何做:简短演示或逐步说明(例如,"如何通过三个简单步骤制作视频"或"如何提高你的演讲技巧")。
- 怎么做到最好:一个简短的视频能突出显示三到七个技巧、案例或特点(例如,"伟大领袖的三大特征"或"激励团队的七种方式")。
- 采访:一段简短的采访或采访片段,展示你在没有脚本的情况下与媒体沟通的能力。

把视频加入营销中

强大的平台构建策略中使用视频的方法有很多种,能最大限度地提高线上曝光度,并通过差异化的内容不断刷新存在感。你可以把视频用在视频博客、社交平台、网站或书籍预告片上。

视频博客

视频博客可让你同时利用视频和博客的强大作用。就像传统的文字博客一样，你可以在视频博客上分享你的想法、见解和观察。你可以将视频与文字融合，也可以整个博客只有视频。视频博客应该是随意的、会话式的、简短的。在相关的视频网站上传关于自己和自己书的视频，然后在博客里嵌入这些视频，以方便你和受众观看。

你不需要对制作质量吹毛求疵，但同样地，一定要使用麦克风并在光线充足的空间拍摄。网络上有许多编辑工具，用以添加音乐和字幕等。

社交媒体

要想增加视频的浏览量，可以在你所接触、利用的社交平台上分享视频链接。

谷歌公司拥有YouTube，而YouTube视频的播放次数会对谷歌搜索结果产生巨大影响。以下策略可以帮助你提高YouTube视频的播放次数：

- 创建一个专用于品牌的专用频道。你的所有视频都可以在这个频道上找到。

- 为你的视频优化搜索引擎以方便受众找到标题。搜索引擎优化是通过一些人为办法影响搜索引擎结果来增加网站流量的过程。诸如"如何通过三个简单的步骤制作视频"或"今天提升你的搜索引擎优化的五个提示"这样的标题更有可能吸引受众的注意力，而不是简单的描述。

- 为每个视频添加说明和一长串关键词。关键词要具有特殊性或概括性，例如"非营利领导能力"，而不仅仅是"领导能力"。为视频创建字幕或脚本以提高其搜索引擎优化结果。

- 在每个视频的末尾添加你的网站或博客地址，以便在视频网站看视频的人可以轻松访问你的网站。

个人网站

视频会使受众对你的个人网站更感兴趣（如果你有自己的网站的话），是添加更多有价值内容和搜索相关性的绝佳方式。在个人网站主页上贴上一个欢迎访问的视频，在个人简介页面上分享采访视频，并在你的演讲页面上放上你的演讲视频和方法。

图书预告片

视频预告片作为宣传新书的方式正变得越来越流行。就像电影预告片一样,图书预告片可以为你的新书造势。预告片可以通过社交平台传播,可以贴在个人网站上,并投放在一些在线渠道的广告位上。好的图书预告片简短有趣,真情动人。就像你在一些写作课上所学的"展示,不要说",在图书预告片的制作中也应该遵循这样的原则,让读者能够通过行动而非描述来体验故事。

有些作者喜欢做多个而不是仅仅一个视频来描述书的主要内容。那每个视频都应该只呈现一至三个关键信息,尽可能把长度保持在 3 分钟以内。这些视频能很好地展现你知识的广度,同时建立你和读者之间的联系。

创建和共享内容的方法有很多种。专注于为受众提供有价值的信息,用心制作视频,并承诺在不断发展和优化作者平台的过程中虚心接受反馈,从而达到最大化地利用这些内容的目的。

演讲

演讲的形式有很多种,从婚礼敬酒词到工作时的非正式演讲、TEDx

演讲和有丰厚报酬的演讲示教。

无论采用何种形式，这些演讲活动的共同点在于，你可以根据内容和自己独特的个人品牌与受众建立牢固的联系。通过口头表达建立的联系是很难被复制的。

对于许多商业领袖而言，商业主题演讲的主要目的是对听众产生影响，提高在粉丝群、社群、支持者中间的影响力。网络上有大量资源可以帮助你做出一个令人赞叹的主题演讲，你可以在适当的时机向合适的受众展示。

有句忠告要说一下：你的书不会自动转换成演讲（反之亦然）。不要简单粗暴地把书的内容背下来就去做主题演讲。正如我所说，演讲是另一种艺术形式，演讲的表达方式，措辞和语调都不一样。找一个打动你的演讲，然后阅读它的讲稿，分析它打动你的原因。或许讲稿上的用词看上去气势豪迈，但与现场的演讲相比，却依然显得平淡。

专业的演讲稿作者擅长这种表达方式，你可以试试聘请一个这方面的专家来帮你，使你的演讲妙语连珠，铿锵有力。如果你不会写演讲稿，寻求专业演讲稿作者的帮助，可以让你轻松许多。

在美国像头马（Toastmasters）和国家演讲者协会（NSA），这样的专业演讲俱乐部都有本地分会和定期会议，可以帮助你完善演讲，开始你的演讲生涯。

国家演讲者协会每年会组织一次大会，在那儿你可以与其他发言者见面，学到演讲技巧，了解演讲这门生意和演讲行业的新动向，他们的活动非常值得参加。演讲者协会里也可以遇见演讲导师和其他演讲机构的代表，可借此确定他们的服务是否适合你。

但你需要明确的是，人们对于和演讲机构合作的负面评价与褒奖一样多。这样的反馈循环模式类似于传统的作者和出版商之间的关系。有些演讲者认为，演讲机构作为中间人，演讲的大部分工作都是由演讲者完成，而演讲机构的服务价格是不合理的。就像一些作者觉得，他们辛辛苦苦写书卖书，而出版商却拿了大部分利润。这两种情况都一样，如果你没有具体参与你就不会理解幕后工作需要多少时间和精力。很多人单打独斗后意识到，他们的宝贵时间最好不要花在处理那些琐碎的事情上面，而让演讲机构（或传统出版商）代替你完成这些工作。

而且，大型活动的策划人一般会和演讲机构联系，寻找相关活动的演讲嘉宾，但不太可能直接与你联系（除非你很有名）。你的工作是让演讲机构知道你很受欢迎，有独到之处，以及目标受众是哪些人。对自己的定位越明确，你就越有可能与演讲机构建立一段成功的而且回报丰厚的合作关系。

如果与其他演讲者的演讲机构没有冲突，可以考虑为演讲制定一个有煽动性的口号，号召大家行动起来。可以使用的辅助材料包括你的书、你过往演讲的视频，或是方便大家记住你的小摆件。如果一开始没有得到很多回应，不要气馁。相信你正在努力传播的内容是有价值的，坚持下去。

一旦遇到千载难逢的机会，千万不要放弃，因为它能帮助你建造社交平台。提供一个值得掌声和喝彩的主题演讲，并抓住受众的热情，用来建设自己的品牌并为未来创造机会。想成为一个聪明又优秀的演讲者，你需要准备充分、执行，然后持之以恒。

内容与受众需求结合

优秀演讲者传达的核心信息会根据他的受众做出调整。顶聪明的演讲者会与策划人合作，以便能更好地理解将要面对的受众是什么样的人，他们所面临的问题，以及他自己分享的经历能不能与受众的需求连接起来。

例如，销售业绩演讲者可以从会议组织者那里收集一些有关团队上一年表现情况的信息，这个团队最近的获得奖项，大的进展或公众的认可等信息，并将这些内容融入文稿中。这些小小的改编使你的文章能和其他人的区别开来，并且有助于与受众建立紧密的联系，因为你为了受众对你的讲稿进行了个性化调整。

调整内容，寻求反馈

在演讲期间，好的演讲者会根据现场反馈和书的内容略做调整。

为了让与会者人手一本书，最好的办法是将费用提前算在参会费用中。活动策划人员会安排每位受众买一本书。如果是通过零售渠道购买的，那你还可以获得每本书的版税。

对于自助出版和混合出版的作者，如果你是自费出版，那你可以有其他选择。你可以把书直接卖给策划人或活动主办方，然后把收益收入囊中。或者通过零售进行销售，以增加销量。

我曾在本书的"创意"部分中提到 BookScan，你会在这本书里多次看到这个工具。BookScan 有很多用途，对作者、出版商和书商都适用，所以如果你还不熟悉这个工具，我建议你可以看看它所提供的丰富信息，每个国家也有自己相应的、类似 BookScan 的工具和网站。

如果你想要出版多本书（包括谈得一个好价格和获得稳定的销售渠道），那么浏览 BookScan 进行学习非常重要，但如果你只想出一本书，那么这个网站对你而言可能没那么重要。

演讲当天，可以准备一份经过深思熟虑的反馈表让读者填写（别忘了提供笔），这是将受众转变为社交平台粉丝的另一种方式。反馈表应有个地方，让他们指出演讲好的地方和不好的地方（还有一个框询问读者是否同意你把他们的意见用作图书宣传）。同时，如果他们想订阅你的实时通讯，还可以询问他们的电子邮件地址。

最后，大胆地用反馈表来询问受众是否了解其他适合你去演讲的活动或是公司。有了这些已经听过你演讲的人为你牵线搭桥，你更容易接触到那些新的潜在客户。

在制作反馈表时，可以做成可撕式，以便受众撕下反馈部分并交给你，同时保留其他印有你的网站和社交媒体账号等信息的部分。

跟进、处理反馈

在发表完演讲之后，要抓住那些可能已经建立的重要联系，不要中断。大多数活动和会议都有一个指定的标签，方便在社交媒体上提及。使用主题标签可以确保与会者看到你的个人资料并知道如何在网上与你联系，活动策划人肯定也会非常感谢你的参与。最起码，你应该在演讲结束后立即使用该活动标签在社交媒体上向策划人和听众表示感谢。

演讲结束后，将反馈表中的信息用于管理内容或潜在客户的系统中。发送一封简短的电子邮件感谢那些注册你的实时通讯的人，这是一个很好的开始。

当然，请在第一时间感谢活动策划人和邀请你出席的人。欢迎他们提出反馈和建议，有时与会者不愿意直接告诉你负面（或建设性）的反馈，因此你只有可能从策划人那里听到客观的评论。

作为专业演讲者，想要获得影响力需要时间和努力。除了上台演讲好，为未来争取机会外，你要做的还有很多。

作为一名演讲者，建立社交平台时要注意受众反馈中的提示，以帮助确定下一个主题演讲的内容。优秀的演讲者会定期更新内容，重复的内容走不长远。

新内容同样要忠于你的品牌战略，但还有其他的注意事项。西蒙·西内克和蒂姆·菲利斯就做得很好。拿菲利斯来说，他因《每周工作四小时》一书而成名，而后，他将自己的品牌扩展到了《四小时厨师》和《四小时健身》节目。它们本质上都是关于提高工作效率和工作质量的书，为新的读者做了略微的调整。

认真倾听受众的反馈，发现额外的机会，这将有助于你的演讲生涯稳步前进，同时提升社交平台。

现在开始行动吧

在你开始演讲之前，按顺序梳理好推广材料。你需要一些工具：一份演讲宣传资料袋和你的演讲视频。

演讲宣传资料袋可以只有一张，以传达你的价值和你的专业方向。内容包括演讲主题摘要，以及你的背景介绍、个人照片，几份关于你演讲能力的推荐以及联系方式。

宣传资料在你的网站上应该很容易就能下载到，并且打印出来的效果应该和网上看的一样好。

当你登台演讲时，一定要把你的演讲过程录制下来（前提是经过客户许可）。多次演讲剪辑而成的视频可以让下一个活动策划者看到你的能力，提前看到你在活动中的发言场面。

这些材料以及联系方式应在网站"演讲"版块罗列清楚。

与受众建立并保持牢固的联系，对于你的图书和品牌的成功至关重要。从你擅长的事情开始，并发挥创造力。如果你被你的内容所鼓舞，并把这份热情通过不同的平台散发出去，你的受众也会受到启发。

INFLUENCE
AND INCOME

09 平台赋能塑造个人品牌

个人的力量有限,团结的力量无穷。
　　　　　　　——海伦·凯勒[①]

[①] 海伦·凯勒:美国作家,社会活动家。

建立一个平台这种令人生畏的任务,很容易让人感到茫然无措。因为与受众建立联系,并与之保持一种紧密的联系,需要大量的分析调研,以及大量的时间和精力,这样才能确保当你的作品上市的时候他们能够成为购买者。

为了减轻这种压力,应当注重与群体建立联系,而不是与个人。如果你需要把注意力放在某个人身上时,就把你的时间集中在培养与那些可以把你带入一个更大的群体或"圈子"的人的关系中去,因为他们可以让你事半功倍。我把这种方法叫作"水龙头目标法"。

一旦拧开水龙头,你就可以离开了,它会一直出水,你不需要一桶接一桶地把水倒进你的浴缸里。构建平台最有效的方法是识别潜在的"水龙头目标",并"拧开"它们,从而让你可以把时间用在专注于其他需求上。

举个例子,在格林利夫出版集团,我们与作者对外文学代理人和营销人员的合作十分密切。这些从业人员通常是准备出书的作家首先接触的人。我们花了数年时间与我们的营销人员和代理人建立友谊,这样当他们碰到一个适合我们风格的作者时,就会想到我们,并向作者推荐我们。对我们公司来说，营销人员和代理人都是水龙头，他们源源不断地为我们带来了潜在的作者。

当然，即使是"水龙头"式的关系也需要投入时间来建立和培养。无论是在你路过他们居住的城市时，亲自请他们喝一杯咖啡，还是在你无法到场的情况下，给他们送一张咖啡券，表现出对合作关系的在意以及对他们及其工作的兴趣将有助于加强你们之间的关系。

现在你已经了解了专注于"水龙头"式目标这句话背后蕴含的意义，让我们接着了解如何辨别这些目标。当你阅读这一章节的时候，为了促进你的受众群体构建工作，我建议你做好笔记，仔细思考以下四类人：

合作对象

你在商业领域的客户也可以成为重要的"水龙头"。因为他们所从事的工作，他们很容易理解你的专业知识和你的受众群。来自一个了解你和你工作的人的热情推荐，将会非常具有说服力。

例如，如果你是一位社交媒体专家，雇用了一个网页设计公司为你设计一个新的网站，那么这个网页设计公司可能就是一个很好的"水龙头"。这家公司可能还有其他咨询在线可见性、关键词优化、社交媒体整合以及其他相关领域的客户，而这些领域恰恰是你擅长的，并不是他们所服务的领域，因此这是一个市场机会。

互补性业务人员

互补性业务人员是指那些填补你的市场空白的业务人员或公司，他们与你之间并非竞争关系。与格林利夫出版集团相互支持的文学代理人和营销人员就属于这一类。

当你在罗列潜在目标清单时，要始终关注与你有着同一核心客户的互补性业务人员。你的"水龙头"只有朝着正确方向引导时才是有效的。

互补性竞争者

依靠自己竞争对手推荐的想法可能会让你脖子上的汗毛倒立起来，但请听我说。

你有直接性竞争对手，也有互补性竞争对手。你的直接性竞争对手寻求的是与你相同的核心客户，你的互补竞争对手与你提供的服务类似，但寻求的核心客户不同。他们可能会遇到一个不适合他们，但和你完美契合的客户——你需要做的就是成为竞争对手在意识到他们需要引荐他人时想到的第一个人。

与我共事过的许多公众演讲者都会相互引荐。一位以其军方背景著称的"领导力"话题女性演讲者，可能会被邀请到一家公司就"如何与'00后'共事"做一次主题演讲。她知道这不是她的专业领域，所以她会引荐一个互补性竞争对手——另一位擅长这种类型内容的演讲者。客户将会对她的引荐感到满意，而她推荐的演讲者在有机会的时候肯定会回报她的帮助。

专业组织和协会

协会通常被认为是某行业的权威和终极资源。协会致力于建设行业，扶持成员，研究可能影响该行业未来的动态和举措。强大的协会致力于发展成员数量和延长行业寿命，这使得他们成为与你的专业领域相关联的知名品牌。

成为你所在行业协会的一员将可能会让你更有信誉，仅凭这一点，就值得加入。

同样重要的是，你未来的客户可能会优先寻找你所在行业的主要协会的商业伙伴。因此，除了加入协会之外，还要尝试参与更深层次的工作，这样你就能成为"圈子"的一部分，而不仅仅是一个成员，例如：在会议上发言、在活动中做志愿者，或为他们的成员写一篇要讯。在专业的组织中，你投入什么就会得到什么，投入一点点时间，在协会需要推荐人员的时候你的名字和独特的价值主张就会被想起。

在你的战略平台建设计划中，这些"水龙头"式合作伙伴并不属于媒体和广告宣传这种类型。"水龙头"式合作伙伴依靠私人联系和人际关系来运转。媒体和广告宣传更像是一个把水倒出去后听天由命的水桶，它们依靠的是一次性的广告或媒体冲击，以及对受众短期关注的利用。两者都是合法的策略，你如何在自己的扩展计划中平衡它们，取决于你的目标、时间和资源。

严防"水龙头"漏水

我们已经了解，"水龙头"式合作关系需要更多的经营（注意：需要更多的时间投资），但可以有多个长期发展对象。如果你选择专注于这个领域，你需要有相应的系统来管理关系和这些"水龙头"。这些系统就像水龙头后面的水管，忽视它们，可能就会造成各类宝贵资源的流失和浪费。

为了避免"水龙头"漏水，你必须问问自己，你是否具备与你的战略相配的管理能力。也许预算会迫使你成为除自身事务以外所有问题的管理者。考虑到专家品牌建设的个人属性，这个管理者最好是你。作为回报，你不必担心有一天你会为和一个放弃为你工作的人一起搬出办公室而尴尬。

但是，如果你知道建立和维持关系不是你的强项，或者你绝对没有时间去做这件事，而且你有足够的资源去寻求帮助，那就为你的"水龙头"方案找一个能够胜任副手岗位的人，这种助手在关系拓展阶段尤为重要。

请记住，我们正在努力建立你的名字、你的品牌，以及你的声誉。如果有人帮助你进行对外宣传，请确保你的名字始终与宣传活动联系在一起。即使你不是领头羊，也尽量参与重要的活动。

管理你的"水龙头"

为了让你的水龙头保持良好的工作状态，你需要定期维护。

牢固的关系需要常态化互动。如果你有一份不错的推荐协议，你的合作伙伴对引荐亦有报酬，那这就不是优先考虑的事情了。在合作关系建立方面，你需要考虑是否打算管理这些依靠合作方善意和基于遵守约定的道德品质来确立的口头协议关系，或者你是否愿意以推荐费（或中介费）的形式为推荐增加额外的激励。

推荐费当然可以提升你在合作者心中的地位，但这并不是一个在所有条件下都合适的选择。以推荐为目标的金钱交易产生了一种应该被道德标准监督的财务关系。如果事情进展不顺利，它也会造成双方关系的紧张。

设想这样一个情景：一个作者或演讲者推荐你参加一场演讲，然后从主题演讲费用中挪出一部分支付给他作为报酬，这种报酬对客户们来说是公开的。当然，接下来这个情景不会在现实生活中真的发生，但让我们假设一下，如果你搞砸了这次演讲，那么客户会对你和引荐人都感到不满，因为你们都对这个灾难性的结果负有责任。在这种情况下，很多关系都遭到了破坏。

当你拓展你的伙伴关系时，要认识到你的一些潜在合作伙伴可能会抵制经济奖励——特别是当他们不了解你或你的工作的时候。如果是这样的话，你需要依靠关系管理来保持这个推荐源始终处于活跃状态。

关系管理可以有多种形式。你需要做的只是维持日常性的联络和问好，通过赞助他们的活动，在社交媒体上分享和点赞他们的文章来支持他们，或者偶然路过他们所在的城市时拜访他们。

合作伙伴间需要一种基于自身业务独特性和实质需求的关系。当你在任意一个可以创造价值的地方拓展伙伴关系时，记住他们的需求（特别是那些你可以为他们的受众提供服务的领域）和你自己下步跟进的计划。你可以给合作伙伴一份月联系计划表和其他的季度日程安排。在不间断用于维系可靠伙伴关系的个人联系的基础上，尽可能让关系管理更加自动化。

INFLUENCE
AND INCOME

10 执行内容发布策略

> 世界上只有一件事比被人谈论更糟糕,那就是被忽略。
>
> ——奥斯卡·王尔德

既然你已经建立了品牌和平台，书也写好了，现在终于可以发布了。在图书发布之前，你需要一个好的个人网站和营销计划。到了发布那一天，相关计划应该已经制订好并准备投入使用了。你还需要考虑在图书发布后如何让读者参与其中，你该如何保持这种势头并继续扩大受众群？如果你做好充分的准备，目标是很容易实现的。

精心设计一个网站

在出书需要做的所有工作中，拥有一个精心设计的个人网站（也可以是个人博客、社交媒体主页），对于强化内容和品牌的质量至关重要。这个网站既是社交平台的中心，也是向媒体和读者宣传的工具，它还能为你构建粉丝群，把你和你的书连接起来。一个吸引眼球又令人印象深刻的网站非常重要，必须旨在为你和读者同时带来利益。

你需要做的第一件事是建立一个相关且易于拼写的网站地址。理想情况下，你选择的网址应该是你的名字（或你名字的某些叠加，比如 JohnDoeAuthor.com），或是你书的书名（或者像 BookTitleBook.com 这样的叠加）。如果你确定自己只写一本书，后者是一个特别好的选择。

网站的建设费用并不算昂贵，因此为了确保搜索的人能够找到你，购买有关你姓名、书名、公司（如果适用）名称的所有网址，这是一笔很划算的投资。购买后，把所有售卖你图书的网站链接到你的个人网站主页上。

大多数人都是使用关键词搜索，所以你得确保网址简单明了，避免使用任何非常规单词或非常规拼写，否则受众可能很难搜索到，甚至记住你的网站名。

在确定网址以后，为使你的网站更加令人印象深刻，你还须考虑添加以下要素：

欢迎页面或主页

读者在访问你的个人网站时首先见到的是欢迎页面或主页。在此页面上，应该有你的名字、个人品牌愿景以及清晰的半身照。如果你曾获得某些奖项，主页上也是适合展示的地方。

将访问者添加到电子邮件发送列表是一件非常明智的事情，因此你可以在主页上加上订阅实时通讯的选项。许多作者会在网站上提供优质内容下载（仅供订阅者使用的独家资源或原创作品），这样做可以提高实时通讯订阅量。

在网站的其他地方，把实时通讯注册选项添加到每个页面的页脚的位置，旁边放上你的社交媒体账号超链接和"一键购买"链接，这样读者很容易就能联系上你并在线购买你的书。

个人简介

你的作者简介应该尽量翔实：有关你的细节，你的经历以及在你所在领域获得的权威证书。简介一开始应该详细写出能证明你专业知识的内容，然后可以谈一些你的爱好和家庭信息，这些细节有助于读者将你、个人和专业联系在一起。

作品展示页

顾名思义，样本页可以展示作品摘录或链接。确保所有样本都排版精良，能反映你品牌的特点。最简单的办法是设计一份排版精美的PDF供大家直接下载。

许多图书零售商还提供网络插件或代码，以便将他们的摘录直接链接进你的网站。你也可以直接链接到包含示例内容的第三方列表。

补充性服务内容面

一些作者选择将服务选项放在"联系网站"或个人简介部分，也有人单独做个页面来突出专业服务。这个问题没有标准答案，它最终取决于你所提供的服务对读者和你自己的感受。

如果使用独立页面，在该页面上放上你的演讲、在线课程、指导等书里没有的内容。准备好演讲的标题和文本供大家下载，列出你擅长的领域和能把来访者转化成客户的有说服力的其他内容。

如果可以，把好评放在页面上，并确保直接从此页面可以链接到联系页面，以便你轻松获得感兴趣的访问者。

新闻和活动页面

在"新闻"页面（有时也称为媒体活动页面）显示你在电视节目、报纸、广播和网络等媒体上的表现。用这种方法说服对你感兴趣的人是很重要的，特别是其他媒体，这是他们了解你的最好方式。

把所有活动都发上网，比如将要出席的节目、研讨会、签售会和播客。让对你感兴趣的媒体可以一键下载你的活动行程，以便使用。

博客页面

所有的努力都旨在扩大影响力，夯实受众基础。最简单的办法是在网站上发起互动活动，让读者能和你以及其他读者进行交流。

保持博客的新鲜度绝对势在必行。为了培养受众，保持话题热度，你需要不断地更新内容。最好有个固定的发布频率，每月最少几次。将更新博客这项工作规划到日程表中，这样你就不会在最后关头赶工。如果觉得运营博客力不从心，其实可以不开博客。没有用心经营的博客不要也罢。

如果你可以定时更新，但更新的频率和内容不足以撑起一个博客，可以考虑将这些内容放到网站主页上，但使用不同的名称来命名这个栏目，例如"学习中心"。受众看到这样的名字不会觉得你得定期更新，避免了读者对博客定期更新的预期，但仍然可以在该页面上分享有意义的内容，也方便读者搜索相关内容。

联系页面

联系页面是用来做生意的。在该页面上为客户提供电子邮件地址或其他联系方式，如果你不是独立作者，页面上也该有出版商和营销公司的联系方式。

如果演讲是你业务的一部分，请在此页面设置"下载"键和"联系"键，让浏览者可以与你的代理商或公司联系。

随着品牌不断发展，网站也该与日俱进。随时保持内容与品牌和新鲜事之间的相关性与及时性。

作为平台活动的中心，网站旨在为受众更新最新的内容。这是读者充分了解你的第一阵地，所以要充分利用这一点，给他们留下深刻的印象，体现出你服务读者、满足读者的承诺。

营销

出书的工作千头万绪，有时会使人们忽略发布工作。因为创作的激情和对读者的承诺，作者往往只是专注于出书，但忽略了另一个目标：必须完成预订。很多时候，作者只有在完成编写后，才开始考虑如何营销和推广这本书。不幸的是，这时候再考虑已经太晚了。

我希望你现在能记住，要想图书发布顺利，你得提前筹划，尽早开始平台建设。其中一项工作是找到一个合适的营销人员，让他帮你协调如广播、报纸和电视采访之类的媒体报道。

聘请营销人员

经常有作者问我，聘请营销人员是否值得？对于大多数书，我会说是的。一次成功的宣传活动可以带来更多的客户，更好的品牌信誉，更高的销量和额外的媒体曝光，以上都是聘请具有丰富行业经验的营销公司的重要原因。他们知道接下来会发生什么，可以帮助你做出正确的选择并从中获得更多经验。如果你正在考虑聘请营销人员，那么请注意以下几点：

● 好的营销人员从多角度发掘你的故事

不同的媒体上的受众不尽相同，因此营销人员会需要根据不同的受众特点来定制宣传方法和宣传基调。

准备好不同的宣传角度，以防最明显的宣传角度不起作用。不管是缺少关注还是缺少吸引人的活动，合适的角度都是营销活动成功的关键。

● 好的营销人员不会把有价值的关系浪费在不适合的活动上

营销人员与媒体的关系至关重要。媒体人周围围绕着各种各样的宣传稿，因为很多营销人员都采取"广泛撒网"的方法，毫无特点。相反，媒体人喜欢思虑周到、内容出色的宣传稿。出于这个原因，要拒绝无用的宣传活动。你应该与营销一起，找出最吸引人的故事，找到真正关心的受众。

● 好的营销在选择媒体上有所侧重

在许多情况下，许多媒体想要独家新闻。所以如果你写了一篇很棒的评论或文章，让营销把这篇文章推荐给你主要对接的大媒体，而不是其他小媒体。这样你可以利用该内容获得最大的影响力。

● 好的营销人员时时创造时时调整

很少有宣传稿能在一开始就抓住媒体人的眼球。媒体人每天都在忙着处理行业和世界上发生的新鲜事，再加上每天都有熟悉或不熟悉的宣传稿。好的营销人员会根据新鲜事或不同的客户特点而对活动做出调整，使之更有特点。同时，他们也会为你（或其他需要的人）每周更新项目，详细说明他们的进展和后续工作。

● 营销无法左右世界

不幸的是，有时候事情并不按你的计划发展。时机对于宣传活动的成功至关重要。你需要把节假日、纪念日和其他重要事件的日期提前考虑进去，制定战略。

但即使经过深思熟虑，认真筹划，营销活动也完全可能因为其他更值得上头条的事件而被打乱计划。可以预计到，像总统选举这样的重大事件很长时间内都是媒体关注的焦点，但是像自然灾害或名人故事这样的不可预测事件也会对宣传工作造成意外打击。

● 好的营销会对你直言不讳

选择营销人员时，远离只会说"是"的人。为了确保期望的合理性，营销对你的态度必须公正、严肃。（我们都认为自己的故事很棒，很难相信竟然有人不喜欢它，对不对？）

你的营销人员得坦率地告诉你什么地方需要多加打磨，比如，上镜时的表现，或是面对记者如何表达对行业趋势的见解。找出不足，听取他们的建议，以便在真的面对这些情况时能好好利用这些机会。

和其他的强大关系一样，好的营销就像你的合作伙伴，可以和你一起发展壮大你的品牌。在选营销时记住以上要点可以确保你开局顺利，和营销合作愉快，让你在镜头前心无旁骛。

亲自出马

每位作者都希望能独占媒体版面，以提高知名度、公信力和图书销量。正如简·拉塞尔所说，"宣传活动可能很糟。但前提是你得有宣传。"当然，聘请营销人员花费不低，如果资金不允许你这么做，那你最好自己尝试做好营销宣传而不是什么都不做。以下的技巧可以帮助你增加独自取得强大宣传效果的可能性。

● 主动适应媒体的活动和节拍

媒体人每天被各种各样的宣传活动围着喘不过气来，有时候可能一天会接到上百个活动稿。他们会立即嗅出哪些是"广泛撒网、毫无特点"的宣传，然后立马把这些稿件丢到垃圾信箱里。

花时间调整宣传稿，使之适应你想上的媒体。这意味着你需要考虑他们的受众或读者群并调整宣传角度，以便与该群体产生共鸣，弄熟并学习他们的宣传语调。

此外，大媒体可能有多个可以帮你宣传的记者，但每个记者负责和擅长的内容并不相同。例如，一个以健康为导向的初创公司可能会考虑擅长商业和健康版块的记者，然后根据不同的读者群相应地修改宣传语调。

● 提供一个值得信赖的证据

忙碌的媒体人没有时间研究你、你的公司或你的表现。毕竟说到底他们在寻找的是能够吸引读者的内容和观点，正因如此你需要向他们证明你的作品是有受众群的。

如果你可以拿出所获得的奖项，其他媒体报道的逐步增长的受众群，这些材料将有助于说服媒体理解为什么读者会想看你的作品，你的作品为什么值得他们报道。

● 保持简洁

少则几秒，多则几分钟，你的宣传稿的命运就会被决定。留出时间专门来写前几句话。然后不断打磨它们，直到你觉得这些句子能立马吸引住读者、打动读者。如果你不能在这几秒内获得记者的认可，你就没有机会获得报道。

● 简化媒体的工作

当有人带着问题走进你的办公室，随后提出一两个经过深思熟虑的解决方案供你做决定时，你不喜欢这种感觉吗？你当然会喜欢，因为他使你的工作更轻松。

对媒体来说也是如此。他们需要做的工作越少，对你的帮助就越大。例如，告诉他们可以去采访谁，以及你是否有相关人士的授权或设有版权问题的图片可供他们使用。

● 不要打电话

没有记者会因为接了你的电话而决定帮你推广。用电子邮件或社交媒体与记者联系，并询问他们是否感兴趣。

● 将宣传与纪念日或重大事件联系起来

媒体经常围绕与假期、重大活动或纪念日相关的主题来进行报道。使用日历等工具查找与你的作品相关的日、周或月。

利用当地新闻角度，根据当地最大社区的重要活动和纪念日进行宣传。宣传的时间因媒体和形式（印刷品、广播等）而异。但对地方性媒体，一个月一次的宣传已经足够。

● 利用网络资源

显然，宣传需要大量的计划和努力。在宣传时，留意网上的评论，利用不同的网站可以把媒体和各种资源连接起来，然后做出不同的报道。

利用好评生成报道往往是有时间限制的，所以你需要保证你能随时利用和改编你的作品（除非你是一个不知疲倦、效率极高的作家）。

● 劫持新闻

"劫持新闻"这一行为已存在了几十年，指的是根据当前事件调整宣传角度从而使之联系起来的做法。社交媒体对劫持新闻尤为有效，通过社交媒体，公司几乎可以立即响应重大新闻。

举个例子，奥利奥"新闻劫持"了2013年在新奥尔良超级穹顶举办的超级碗比赛期间的停电事件。他们在社交网站上发了一张图，背景是暗的，上面有一块奥利奥饼干，配文"停电了？不要怕。你仍然可以在黑暗中扣篮。"这个帖子获得了上千的转发和分享量。"劫持新闻"中最适合带一点幽默感，但如果产品能够解决问题或是能和事件联系起来，也能利用这种做法产生效果。

这些角度都可以让你重新获得关注。至少，你可以在你所利用的网站上分享这些信息，这样可以提高你网上的曝光度和存在感。或者更好的是，提前制订计划以更充分地利用这些活动来获得最大的品牌影响力。

与其他产品的营销一样，衡量宣传投资回报率很难。但是，由于每天都有很多新产品和服务在推出，你真的可以做到不跟进吗？无论是自己宣传解决还是聘请营销公司提供帮助，一个好的宣传可以引起一波持续的关注，这是对你最好的回报。

出现在媒体上以后，请一定分享这些文章、采访、演讲内容等。在网站上更新活动列表、新闻和演讲内容，这样受众很容易就明白你是行业内的专家。

播客

根据爱迪生调研公司 2017 年的一项研究，播客收听率正在上升，月订阅量每年增长率是 21%~24%，听众大多生活富足，受过良好的教育。

除了某些噱头节目，许多最受欢迎的播客主题是商业、新闻或自我提升。播客已经成为听众获取知识和成长的地方。对于专家和行业领导者而言，播客是个可以为其受众提供有价值、有深度信息的地方。不同于主要发布简短内容的媒体，如社交媒体或博客文章，播客的篇幅长度可以让你与受众建立更深层次的关系，同时培养新粉丝，扩大影响力。

主题演讲和研讨会常常可以直接转换成音频格式，但书不一样。你需要对内容进行调整，加入更多故事和逸事，让听众能听得进去。音效也可以帮助受众提高兴趣，但不要为了使用而使用，它的存在应该是为了增加听众体验或进行过渡（例如章节结尾）。

如果你还在犹豫为什么要开播客，以下原因供你参考。

● 简单有效

我们最好在一开始就明白，播客虽然听起来复杂，但实际上它需要的前期投入非常少，并且非常容易操作。网站上有教学视频，还有很多话筒测评，你可以根据自己的预算找出最适合自己的话筒。还有一些网站可以让你快速而廉价地制作出入场音乐。经过彻底的研究，录制播客将不会那么艰难。

● 允许录制长内容

当今世界信息过载，我们常常被碎片化的内容所淹没。推文、博客、新闻和短视频可以在短时间内为受众提供大量的信息，并在公司与受众之间创造持续的联系。但是，博客和社交媒体仅限于几百个单词或字符，而播客则可以让你更加深刻地解读你的内容。

根据相关从业者的说法，"只有百分之三的月订阅者会只听个开头。总体而言，播客听众对节目的忠诚度很高，他们会听完整整一期"。这意味着你有很多机会向听众展示专业知识，这是其他媒体所无法企及的。如果你的产品复杂，销售周期长，这种深度内容会让消费者更快速地做出购买决定。

● 可以和行业伙伴联合，扩大影响力

播客最常见的内容就是采访。你作为主持人采访来宾的过程，不仅可以传递更多的信息，还可以支持同行业的伙伴。邀请来宾可以让他们与受众群体建立联系，扩大受众范围。同样，来宾把受采访那一集推荐给他们的粉丝，你也可以与他们的粉丝建立联系。双方都可以从中受益，并且通过采访，你也可以加深与他们和工作的关系。但要记住，你提问的目标是为听众提供有价值的信息，这样就不会信息过载。

● 与受众建立个人联系

好的播客很少编写剧本，经过编辑加工的也不多。因此，主持人的个性看上去未经滤镜渲染，十分真实。与视频类似，播客是与受众建立个人联系和信任最快捷的方式之一。当人们有无数种选择时，信任对建立品牌忠诚度至关重要，让受众听到你的声音和感受到你的个性有助于培养这种信任。

● 为受众提供反复接触点

实时通讯的作用主要是能直接向受众的邮箱发送内容。就像实时通讯一样，当听众订阅你的播客时，代表他们同意定期收到你的信息。你的发布频率和分享的内容类型得保持一致。这样做，你的品牌将始终存在于受众的心中，还能持续建立信任和创造与受众之间的联系。

幸运的是，制作播客最困难的部分不在于技术方面。困难在于精简信息并传达给目标受众。要做到这一点，你必须提供高质量的内容，用专业且引人入胜的方式运营它。无论是系列节目还是独立的内容，列出大纲，这样简单的办法可以确保你说得有条有理，把想表达的都表达出来。列出大纲还可以让你看出内容是否足够支撑一个系列。

更多关于创建、主持、推广播客的方法和资源列表，可以在网络上搜索相关从业人员分享的信息。

发布图书

经过短则几个月，多则几年的思考、写作、重新思考和返工重写，你似乎都可以看到图书的出版日期，梦见自己在镁光灯下的样子了，或者只是书在书架上静静待着的样子，或许你也会因此开始涉足演讲等其他领域。写完书以后，你虽然已经筋疲力尽，但依然没有时间休息。你的图书即将发布，还需要一些适当的规划和策略才能充分发挥它的价值。

图书发布除了庆祝成书，感恩自己的辛苦劳作外，还有其他几个原因。正如之前所说，图书发布就是产品发布，而新产品的发布使媒体有了新的宣传角度，并提高了你和产品的知名度。一本好书还可以为通过社交平台而建立起的社群提供一个可以探讨的话题，这是创造口碑的核心，而口碑是最具影响力的工具。

最后，如果销售是你的首要任务，你需要了解图书在最初几个月的销售数据，因为这些数据在以后很可能成为决定销售规模的基础。书商通常期望在第一个月就能看到很好的销量，所以如果销量没有达到预期，那么书商可能为此投入更多的人力物力（虽然有一些例外，但我觉得不值得参考）。

时机就是一切

不了解宣传和销售所需的时间是作者在图书发布时最常犯的错误之一。销售渠道（机场、独立连锁书店等）至少需要提前 5 个月交货，通常还会延长至 8 个月（每个国家的状况不一样）。遵守该时间表非常重要，要确保书店能准备好最多的预算来买书。因此，如果你的书计划在六月出版，它可能需要在一月就计划说服书商，也就是说你需要在一月之前就完稿。延迟推销意味书商的预算会变少，销售量会下降。

当然，如果你选择销售电子书，则零售时间表无关紧要，因为你的图书只会在线销售。但是，如果你仍然计划在主媒体的推动下发布，请记住，纸媒和大多数书评人仍然需要大量的准备时间。尽早和营销团队联系，以确定最适合的营销方式和渠道策略，以及最理想的发布日期。营销团队可能知道哪个活动、假期、纪念日能和你的图书发布挂上钩，从而让你的书得到大面积的媒体曝光。

把握时机，吸引受众

一旦确定了出版日期和营销方式，就应该开始相关营销动作了。许多作者在实际发布日期很久之前就开始了。如果你是演讲者，你可以利用演讲活动来售卖图书，从而推动销量。整理预售数据，并根据发布时的销售渠道进行调整，可以大幅提高首轮销量。根据不同的目标、出版模式以及图书发布的优先级，以下是一些注意事项。

可以在销售网站上提前发布图书，在营销文章或新闻稿中插入相关链接。现在也很流行让读者免费获取额外内容或其他可下载的内容来激励读者购买。

另一种方法是利用零售商（如亚马逊）开展限时预购活动，以便在指定的时间段内（通常在书籍发布后）立即下订单。在这种情况下，你的出版商或经销商必须至少提前预估出预售量，这样才能将足够的库存转移到供应链上。如果你已将版权卖给传统出版商，这也可能是你的最佳选择。如果是自助出版，你可以在社交媒体上的相关地方添加购买链接，并链接到你指定的购买渠道。

如果有了大量预售订单，而你的目标是尽可能高地提高总销售额，接下来你可以在其他零售渠道发力，并启动合适的营销方式加以配合，最大限度地吸引你的受众从而提高销量。

成为畅销作品

套用吟游诗人的话说，"畅销书里都有什么？"

所有我们称之为畅销书的，比如《纽约时报》，或者相关媒体榜单或亚马逊畅销书，看起来都美好得不像真的。

随着每年书籍出版数量的持续飙升，我们被各种各样的畅销书榜单冲昏了头脑。这些榜单存在于各类宣传材料、新闻稿、书封和网站，格林利夫出版集团每周都能收到各个渠道的统计数据。但如果这个畅销书的称号没有被《纽约时报》《华尔街日报》或《今日美国》等主要出版媒体所认可，那这些所谓的"畅销书"只是哗众取宠的营销方式呢，还是对"畅销"的另一种解读？

简要来说，答案取决于出版商想让哪部分受众看到这些信息。如果出版商打算通过书封上的畅销书声明来吸引消费者，那么这么做是有用的，但也存在巨大的隐患——可能会严重损害出版商在批发商、经销商、代理商和其他合作伙伴眼中的声誉，最终导致书籍无法上架。所以当你吹牛吹得太过的时候，得小心不要试图蒙蔽行业的眼睛。

合作伙伴们也可以访问相关的数据网站查看该作者作品的历史销量，也可能会向其他合作伙伴求证这件事的真实性。在美国 BookScan

可以提供销售报告服务，它的数据可以反映全美约70％的书商的销售情况。BookScan每周使用来自超过6500家零售书店、大型零售商和非传统书店数据，结合统计加权方法，为出版业提供最准确的销售信息。虽然部分大公司的数据不会公开，但是无论如何BookScan是监测销量最强大的晴雨表，并且在统计销量评估榜单方面很有影响力。

虽然BookScan提供了对整体销售数据和趋势的深刻见解，但有趣的是，它并不专门（或有时根本不）建立畅销书榜单。《纽约时报》畅销书单是业界最具权威的。如何构建此列表背后所使用的方法相当谨慎保密。普遍认为《纽约时报》会向5000家定点零售商和批发商发送一份预选的清单（内容一般是可以在书店内买到的普通书籍，而不是像医学和法律书籍那样小众的学术内容）让他们提供每周销售数据。据称，调查表内有空白页可以让书商提供未入选清单的书籍。但这种说法比较奇怪，根据我对库存管理人员的了解来看，可能性非常小。

对于任何畅销书清单，最重要的衡量标准是它的销售速度，而不是销售寿命。一本书在一周内售出5000本，很可能会以某种形式登上某种榜单；然而，一本连续十周每周销售500本的书可能根本没有出现在任何榜单上。如何对标题进行分类也会导致排名不同。例如，《纽约时报》按类别（小说、非虚构、儿童）和类型（精装或简装）进行分类。而《今日美国》把销量前150名的书都算在内。这意味着在《纽约时报》精装小说列表中排名第一的书可能会在《今日美国》

排到 100 名以后。

亚马逊的"畅销系统"相对独立，使用排名而不公开销售排行。排名每小时重新计算，这就意味着进入榜单非常容易。虽然亚马逊没有透露其搜索算法，但可以肯定的是成为畅销书有助于提高图书在整个搜索结果中的整体可见性和相关性。

除了衡量畅销的考量不同，著名的畅销书榜单还能反映出美国文化。没有哪份列表是百分之百精确的。不过，得到著名榜单的认可是非常吸引人的、高收益的，并且受到高度保护的。因此畅销书这个名头永远不会过时，也不会失去意义。能够合法地宣称自己的书是畅销书的意见领袖因此而享有明显的优待，成为畅销书还可以为以后的书带来更多的机会、更高的演讲费用和更好的生意机会。

利用你的销售历史记录来扩大出版业务，但要谨慎做出未经证实的畅销书声明，业内人士都清楚，闪亮的不一定就是黄金。

机场和临街店铺的摆放

想象一下，当你出差穿过机场看到你的书摆放在橱窗里时的快感。或者更棒的是，想象一下在机场书店或当地零售商书店里买了书的人给你发来电子邮件，他们通过阅读你的书然后联系到你，想通过你的演讲或其他活动把你的信息更深入地贯彻到他们的组织中，这样的交易回报是翻倍的。

无论在机场还是当地的书店，一流货架的摆放，封面是否朝街，以及在促销台上的定位（例如，通道末尾的热销商品展示区，商店前面的新品发布架，以及机场书店的所有展示位置）均由作品的流量决定，当然有的书店的相关展示位也可以通过出版商、发行人购买获得。由于高流量性和可见性，这些位置非常有价值。特别是机场，可以为销量添上漂亮的一笔。出售这些展示位，并不是敲诈勒索，这是商业规则。

那么这是否意味着不论作者的作品质量如何，都可以放到人流量最高的地方？难道读者是根据书的位置而不是内容来挑选书的吗？

答案肯定是否定的。

任何作者都不可能直接走进巴诺书店（巴诺书店，美国最大的图书零售商，将近 700 家连锁书店遍布美国）总部，甩出支票，然后要求在全国各地书店的最好位置售卖自己的图书。虽然出版商、发行人和作者确实为展示位置付费，但书店对哪些图书能获得这个机会非常挑剔。选择这些展示位置的书店会根据销售情况进行评估。作者或出版商确实必须付费以获得展示，但由于每个人都想要它，书店会选择最能带来流量的产品。

简而言之，他们根据销售潜力来挑选书籍，归结为以下几点：

- 作者的平台和知名度
- 封面设计

- 内容质量
- 营销计划

如果你希望你的书能放在书店的展示位，你需要：

- 做到上面所有要求
- 与有经验的出版商或发行商合作
- 如期交货

那么如何让一本书最终出现在机场书店新书发布展区或巴诺书店前面的"新的一年，新的自己"展示位上，以下是具体实施过程。

首先，出版商或经销商的销售代表要与书店买家会面。销售代表们通常会在出版前 5 到 6 个月联系买家，那时候封面、图片、腰封、评论副本和营销计划都必须准备好，以增加谈判筹码。

如果有"co-op"资金，代表要向买家征求购买意愿和展台推销机会。"co-op"就是所谓的展台推销机会。这个术语来自合作性推广（cooperative advertising），源于大出版社按照和书店商定的方式分配上一年一定比例的展台销售额。在销售代表完成推销后，书店会提前告知销售代表他们订购多少本书。

如果出版商、经销商或作者有展台推销的预算，则代表会直接与买方协商具体展示位置。买方只会为他认为销量有可能最好的书提供展示台。冒着白费口舌的危险，我还是要再说一句：销售中最重要的是位置！位置！位置！买家不会把他们商店中最好的位置卖给销量不佳的图书。如果奥兹博士（Dr.Oz）那神奇而又富有异国情调的水果减肥书的销量会超过你的诗集，那么这个位置不太可能卖给你。

之后，如果书卖得好，代表或许可以与书店协商扩展展区。书店的展示位通常提前两到四周出售。机场书店的提前时间以月计算。如果这本书在那段时间内销量好，销售代表可以尝试协商拓展展区，但如果已经没有空的展区，再厉害的推销员也束手无策。所以扩展展区的前提是销量和可用空间。如果一本书销售良好，店内空余展区足，书店认为需求还将持续很长一段时间，他们会扩宽展区，以配合及时的营销活动。如果书在展区时没有把消费者带进商店，那么你的书绝对会在到期后退回普通书架上。

即时调整内容发布策略

让我们快进到发布后一个月。届时，希望你的所有精心策划和努力使你获得了第一轮红火的销量。但是，如果宣传落后或者销量就是不佳怎么办？

好消息是，这时的船还没有完全开始航行，事情还没有成定局。虽然在媒体界很多产品确实存在找不到受众的情况，但我认为这个问题通常是缺乏准确的定位或平台而不是内容本身不好。你是否在采访中巧妙地提起了书名？许多作者曾被当作专家请上了电视节目，但他们从未在节目中提过自己的书。你是否充分利用了国家新闻事件或趋势，以此为根据进行创作而获得关注？你是否充分利用了视频和社交媒体？如果你定位的主要受众群体没有回应，你是否立马修改内容来回应次要受众群体？例如，可以把本来针对主要受众群体的讲适应能力的书，调整成为单亲父母提供服务的内容。

如果你有电子书并可以控制其定价，这时可以尝试临时以超低价格售卖，让读者能够轻松读上你的书。通常情况下，折扣电子书销量的飙升就意味着实体书籍销售量激增，因为评论和销售额提高了在线知名度。

留住核心受众

一本书或任何产品的推出都可以引起媒体、业界同人和公众的广泛关注。正确推出的首轮发布有魅力、有潜力，为作者带来了新闻故事，丰富了作者简介，提供了读者信息等。

闪亮登场的热度散去以后，你该如何留住那些能够帮助你的品牌成长的人的心？

好消息是，你在图书发布期间所赢得的每一位读者都是宝贵的社交平台的一员。现在你要做的就是如何聪明地将他们保留在社群中。不一定要格外强调，保持简单就好。在书的最后留一页，通过这一页鼓励读者关注你的个人主页获得实用的免费工具和独家内容。最少每季度一次与他们分享一些有价值的东西，比如说视频、信息图、音频内容。这个内容越独特越好，因为人们喜欢特别的感觉。这将有助于维持有价值的口碑，同时建立核心读者群。

毕竟，这个核心受众群会让你出版的阻力减小一点。你的客户（读者）就是你的受众，除了通过购买书籍来支持你，他们还会关注你的社交媒体，为你的社交网络上的照片点赞，并在网络上分享你的文字、图片。

随着社交媒体的发展，读者本身已成为一种营销机会，而且他们对品牌的第一印象主要来自社交媒体内容的质量。社交媒体也是一种高效且经济的方式，可以在准备出书后用它与读者保持紧密的关系。

让我们重新回顾之前关于社交媒体的讨论，尽管大多数作者都在使用社交媒体，但很多人并没有意识到仅仅通过社交媒体获得大量粉丝的关注是不够的。即使你的社交平台有十万粉丝，但你从来不更新，或者如果你用广告轰炸粉丝，受众流失的速度会比增长的还快。

线上、线下通过社交媒体与粉丝维持关系的关键在于定期与他们见面，以下是一些方法。

认识他们

就像脱口秀喜剧演员能迅速看出台下受众的笑点，作者和专家应该阅读社交媒体上的热点和社群成员撰写的文章，以磨炼自己迎合读者的需求和兴趣。他们重视奢侈品吗？他们想要从你那儿得到建议还是幽默？他们被品牌吸引是为了追求更高的目标吗？

在执行任何营销策略时，你要知道你想要讲述的故事以及目标受众。这是建立强大受众基础的另一方面——获取目标受众的详细信息，这样可以为你调整内容基调。

对明确的受众群而言，明确的内容基调将可以确保你第一次在社交媒体上发布的内容很久以后还有吸引力，即使有其他人帮你运营社交媒体也该这么做。

获得前先给予

与其他牢固的关系一样，你与受众的互动应该是互利的。

每次你在社交媒体上发帖时，都要问问自己，读者能从中获取什么。可以是行业内有用文章的链接、免费电子书下载、产品、发放赠品，或读者喜欢的即将举办的独家活动的公告。确保为受众提供的内容值得花时间，不然他们会停止在你身上花费时间。80/20规则指的是

80%的参与度，20%的营销，这是取得适当平衡的坚实基础。

重视互动

品牌忠诚度是公司成功的一个重要因素，而且建立在信任的基础之上。受众不会信任他们很少见到的品牌或不能传达明确个性的品牌，因此要对粉丝保持公开透明、始终如一。

如果你还没有为社交平台创建日程表，你应该立马开始创建。计划好什么时候在社交媒体上发布什么内容。你不需要每天在每个平台上发布不同的内容，但必须保证一直在更新。一旦受众了解到你这儿经常会有新的和有趣的东西，他们继续关注和分享你的帖子的可能性更高。

表达感谢也是强化与受众联系的重要途径，不论是线上还是线下。无论是通过手写卡片还是在线消息，用一些个性化的方式定期一对一感谢读者，一定会赢得很多的善意。

社交媒体最重要的是重视你的受众并让他们与你互动愉快。如果你倾听他们并积极回应他们，你将会看到读者的规模和忠诚度不断超越图书发布时候的量。

在角度方面，你可以为旧书注入新的生命，寻找可能引起媒体关注的标志性事件和成就，如纪念日和重要里程碑。

● 纪念日

新的产品来来去去，所以你应该标记并庆祝有意义的纪念日，这样可以为你带来持久和长期增长的关注度。五的倍数的周年纪念标记是最常见的，例如，图书发布五周年纪念日、十周年纪念日，等等。

你还可以将你的周年纪念日作为一个良机，通过纪念礼物的方法与有价值的合作伙伴联系以获得后续印象，并承认他们在你的进步中的作用。

● 主要里程碑

生命周期长当然不是衡量成功的唯一（或最佳）标准。总结影响你品牌进程的主要里程碑，并指定某人监控你的进度，这样你就能在达到这些目标时进行相应的宣传。

例如，你可以庆祝第1000篇评论，一定的销量，电子书一定的下载量或目标销售额。如何来庆祝则取决于你的文化背景和预算，至少要写篇不错的总结稿发布在你的主页上。你也可以在"西南偏南"音乐节等活动中赞助一个派对，并邀请所有能对销量产生影响的重要人物出席。

严肃地对待内容发布

将你的书或其他内容推向世界似乎是一项艰巨的任务，但如果你已做好准备并知道会发生什么，那结局可能会不同。使用你已经建立的品牌和平台来助力出版，用努力和勤奋让自己成为读者首选。

虽然这一系列工作使人筋疲力尽。但请你注意这些事实：虽然发布会需要你接受媒体采访、参加演讲活动等等，其实大部分后续工作可以分配给员工或雇用其他人帮你干，你来进行全面监督。

总的来说，创造影响力背后需要大量的付出，这是无法回避的事实。如果简单的话，那么每个人都可以成为一个有影响力的人。如果你非常想成为意见领袖，在内容发布之前花点时间计划好本章中所说的系统和策略。与其他产品发布一样，计划和执行将决定你的成败。

创意，影响力，变现

Part3
变现：多维度打开你的财富通道

INFLUENCE
AND INCOME

11 拟定合适的变现形式

除了出版或表演的即时性或特殊要求外,作者把自己作品的任何权利拱手让给出版商或经纪人,从商业上来看都是非常愚蠢的。

——乔治·萧伯纳

今天的出版版图带来了广泛的合作伙伴、商业模式和品牌供作者考虑。现今行业的发展使作者掌握的权利比以往任何时候都多。正如我们从蜘蛛侠身上学到的，能力越大，责任越大。选择一家合适的出版社，意味着选择可以让你成功地发行一本高质量的书，或者是一个反映你品牌形象不佳的零售炸弹，这两者是有区别的。

不同出版商的选择也会暗地里影响你对所拥有的某些权利的掌控，使你无法对作品重新进行调整并获利。我们在第一章简要介绍了不同的出版模式，但我们将在本章中详细介绍。让我们来看看每个主要选项是如何运作的。

传统出版

在传统的出版协议中，代表出版商的编辑将与作者的经纪人进行沟通协商。虽然不同项目的条款有所不同，但第一次出书的作者通常会提前收到数额不等的版权费。

根据协议，一旦出版商卖出了足够多的书，所赚的版税（不是销售额）超过预付版税，作者就会收到额外版税。每个作者所收到的数额不一样，具体要根据和出版商的协议。经纪人一般也会从你们协商好的版税中抽成。

如果作者是意见领袖或顾问（或由于其他原因需要保留对作品价值的掌控），对某些权利的所有应该是选择出版社过程中的主要考虑因素。在传统模式中，作者所授予出版商的发行权有特定的时间。由于是出版商在承担风险，因此作者通常对其作品在创作方向、售卖和出版时限上缺乏发言权。

出版商所拥有的特定权利因合同而异，可能包括电影版权、有声读物版权、外语翻译权等权利。出版商拥有的权利越多，他们就越有可能收回对图书的投资。当然，事情的另一面是这样做使作者更难直接从自己的作品中获利。

因为出版商已获得出版权并投资制作出版图书，他们拥有图书的实际库存。在大多数情况下，作者如果要通过演讲、企业咨询等活动直接面向受众销售（合同允许的前提下），那作者还得从出版商那里购买自己的书籍，然后再出售给客户。这与回购条款是分开的，回购条款是作者以合同规定的价格和数量强制购买出版商的书。出版商通常使用回购条款减少成本并降低已知或者未知的销售风险。

是的，有时回购款的金额已经多于预付版税。

自助出版

尽管传统出版方式对作者有强烈的吸引力,但很多时候自助出版是将图书推向市场最合适的选择(每个国家的情况不尽相同)。除了上市快、成本低、效益高的优点外,作者还能对作品保留最大限度的控制权。

自助出版使出版业变得民主。几个世纪以来,经纪人和出版商严格控制了作品的出版。但随着时代的发展,作者能够自己拥有平台,让读者可以读到自己的作品。今天作者动动手指、按按鼠标就能发布作品。

从许多方面来看,这是一件好事。过去,有些作者因为太小众而被拒绝(小众通常都是被剥夺权利最多的)。现在,不论大媒体集团是否愿意出版,这些作者都可以愉快地享受创作的乐趣。今天,每年都有许多新书通过自助出版上市。

大量自助出版物的上市,不可避免地导致低劣质量和低销量的出现,这都是因为没有专业指导。虽然有例外,但大多数自助出版物都无法与知名出版商发行的书籍质量相抗衡。写书已经够艰难了,自助出版的作者还必须身兼作家、编辑、设计师、项目协调员、营销人员和销售经理多个身份。这个标准很高,很少有人能达到要求,毕竟没有一个人是全能的。

这样就导致了自助出版作者的入门门槛很高。举个例子,主流评论家很少评论自助出版的作品。他们的评论通常要单独收费，因为他们根本没有足够的时间和精力来大海捞针筛选作品。

毫无疑问，自助出版作家常常遇到的最大问题在于销售渠道的封闭。书店往往无法负担个人出版作者的行政开支，以及售卖低利润图书的成本。出于这个原因，他们经常拒绝自助出版者的作品，并让他们找一个经销商来代理作品。反过来，分销商也是有选择性的，因为他们从每本书上获得利润太少，主要靠数量取胜。这种情况使得许多自助出版作家完全依赖线上销售（是否进行线上销售不是成败的关键，主要看作品的类型。适合线上销售的图书销量平均超过线下市场的50%）。因此，自助出版可能并不适合所有人，在许多情况下，混合模式最适合。

混合出版

混合模式存在于不同的迭代中，有着不同的业务模式和术语，但其中大多数都旨在将自助出版和传统出版联系起来。为了进入实体零售市场，最成功的混合出版商保持着与传统出版商竞争的选择性和质量。

例如，格林利夫出版集团已经建立了自己的模式：在为自助出版作者服务（具有上市速度快，拥有所有权、改编权，以及高版税的优势）

的同时，拥有传统出版商所具备的专业知识和分销能力。我们因此自豪地将自己定位为分销商，会根据市场的反馈出版图书。

由于大多数混合出版模式允许作者保留其权利，因此不存在高风险模式的出版方法。作者保留了最大份额的销售利润和附属权利所获得的收益，如电影版权、翻译成外语书籍等。出版商这些渠道收入的减少，使得作者需要前期投资更多。混合方法最适合愿意"利益共享，风险同担"的、自信的作家。

与自助出版类似，以混合模式出版的作者的收入通常不受普通图书销售影响，具有灵活性和可控性的优点。与自助出版又不同，混合出版模式的作者因为拥有知名的行业品牌为其站台，所以有更强大的支持，行业品牌能够创造更有竞争力的产品，为作者打开销售渠道。

简要来说，当你选择最适合自己的出版模式时，需要考虑以下五个要点：

考虑所有权问题

与传统出版商打交道时，你不会向他们出售书本身的所有权，而是让他们有权复制和出售你的作品。只要他们拥有这些权利，出版社就可以决定你的图书的出版、包装方式以及交付时间。相比之下，自助出版允许你保留所有权利，包括所有权和改编权，同时你也要为图书的销售负责。许多混合出版模式也允许作者保留其他权利和所有权，还为作者印制精美的书、提供销售渠道。

检查是否存在潜在的销售渠道和支出

在版权费方面，自助出版的作者投资回报率最高。通过书店卖出的书，作者通常可以收到标价的 20%~35% 的费用，直接卖给读者则可以得到 100% 的图书零售价。

传统的出版合同的版权费通常是 5%~15%，但只有在卖出的版税超过预付版税后才有这个待遇。事实就是传统的销售模式的销量通常要比自助出版的作者单独完成的销售量多。

混合模式不仅能让你在线销售，还能在线下书店销售。但混合模式通常不会支付大笔预付款（如果有的话），而且通常需要作者付费才能换取出版服务。

确定上市时间的重要时间节点

传统出版模式疲于制定提案，寻找经纪人和完成出版，该模式可能需要很长一段时间才能把图书从想法变成货架上的商品。

自助出版可让你在很短的时间内进入市场。对以技术和政治等为主题的作品而言，这是一个重要的优势。

具有优秀的销售计划的传统出版模式和混合出版模式需要一定的提

前交付周期，而且这个交付周期是由书店的商品销售周期所决定的。书店的进书时间表（巴诺连锁书店和机场书店等）仍然需要至少提前五个月的交付时间。这意味着须在图书发布会之前就准备好吸引人的图书图片、相关的营销活动来赢得书店的认可，从而在书架上获得一席之地。

因为不同书店的进货预算不同，遵守商品时间表可能会对你的图书推出产生重要影响。所以，如果零售书店和机场书店是你的目标，那么要避免鲁莽和无用的"霰弹枪"式出版。

明确质量的重要性

重申一下，自助出版从整体来说并不是以产品质量而闻名。书店经常拒绝自助出版书籍，因为这些作品通常都没有达到书店的标准，即没有强大的内容、优良的设计和销售潜力。

然而，现在有一些杰出的公司出版了高质量的自助出版书籍，这些书籍达到甚至超过了行业标准。在与合作伙伴达成协议之前，将自己的自助出版材料与大型书店卖的书相比较。还要请行业内专业人士评估你的工作，因为他们更加了解行业标准和质量。

有经验的混合出版商所要求的质量可能更高。无法向书店提供上乘作品的出版商得不到书店的长期认可。出版商曾获得的奖项，曾推出的畅销书，如潮的好评和其他类似的经验都有助于建立产品声誉。许多公司承诺以上乘的质量服务顾客，但结果往往相反。

传统出版商通常都被认为具有较高的质量标准，对于成熟的出版社而言更是如此。请记住，在这种模式中，因为出版商为图书的制作提供资金，改编权仍然属于出版商。因此你可能需要对你的设计或内容偏好更加直言不讳，并做好有些事可能无法按你的想法执行的心理准备。

请记住，这是你努力得来的品牌，箭一旦上弦就不要收回去。

评估风险承受能力和投资能力

因为自助出版和混合出版有着更高的版税和更多的权利，所以这两种出版模式需要更多的前期投资。这两种情况下，通常由作者承担出版的风险，包括出版中各类要素，如编辑、设计、印刷、运输和仓储。

从业务角度来看，它类似于将依靠自己的努力与风险投资进行整合。承担风险的一方（投资方）在后期获得更大的回报。

在考虑成本风险时，请记住，无论是传统出版模式还是自助出版模式，一般是由作者负担起自己的大部分宣传费。出版商可能做一些市场、社群、评论、营销推广工作，但除非你是史蒂芬·金，否则你要为自己的一般宣传活动提供资金。

另一个风险在于能否控制图书的寿命。传统出版不需要作者的投资来支付出版费用，但如果销售情况不佳，出版商或许不会继续在这个项目上进行额外的投资，坚持保护自己的内容，直到合同出版权归还给你或者被你买回来。

数字出版

大多数出版商会同时出电子书和纸质书版本，并不存在二选一的情况。回顾媒体发展史，许多新媒体一开始会威胁旧媒体，经过一段时间后新旧媒体共存。比如，电视曾经是收音机的威胁，有线电视和家庭录像系统（如 Netflix）曾经是电影院的威胁。但最终，不同的媒介给人们带来了不同的体验，为不同的需求服务，这也是电子书出版成功的关键——最大化电子书所能带来的体验。

就接触受众而言，出版业一直在"推——拉"中寻求平衡。很长一段时间，出版业的成功取决于传统出版商"推"到实体书店的有空间限制的书架上。如果公众喜欢这本书，那么"拉"（需求）随之而来。如果卖得很好，随后再版。如果"拉"得不强，滞销，版权到期后出版商只能把书丢进碎纸机或使用其他方法销毁。电子书和网络的出现，动摇了"拉——推"的平衡。

就像其他科技所带来的好处一样，电子书将推广图书变得民主。你再也不用依赖出版商和书店才能让大众接触你的作品，因为现在你可以选择在线上发布和在线上进行推广。你可以清楚地记录下销量，利用销量为以后争取到更有利的出版条款。

因此，问题不在于是否将电子书纳入出版计划中，而是如何充分利用你可以选择的选项。

对于新作者而言，了解电子书在销售范围内能够做什么和不能做什么尤其重要。

在这种情况下，数字出版意味着向读者提供电子书和按需印刷两个版本。电子书可以在电子设备上下载和阅读。按需印刷的版本只是个电子文件，当有人订购时，才根据他的要求打印出来。

电子书

作为一种出版选择，只做电子书的出版商发行成本低、上市速度快。但是，大多数电子书出版商选择作品的品位和那些虚荣的出版商一样——就是标准少或者说没标准。无法按产值、出版商、买家、评论人来判断书籍的好坏，有时候也无法根据媒体报道和销量来判断。

当我们回顾每年的增长曲线时，电子书的载体，如电子阅读器、平板电脑和电子书阅读应用软件的迭代演变，在发展最初经历了极速地增长，因为它能为偏好这种新形式的读者服务。假设读者不介意失去触摸到实体书的那种体验，轻松快速地下载和低廉的价格对热情的读者来说是诱人的。

但有数据显示，电子书销售占整体图书销售的份额在过去几年中已有所下滑。因为存在数字化转型，所以很多业内人士分析称，电子出版并不能反映出版行业的发展。

电子书一般占销售额 10%~20%。大多数出版商还提供书籍的印刷版本，根据不同的类型，该印刷版本可能是按需印刷或以传统方式印刷，然后卖到书店。发布方式的多样化可最大限度使出版商接触到读者。

按需印刷

数字出版是一个不断发展的领域，为作者提供了更多选择。通常，数字出版商选择仅以电子书和按需印刷（POD）两种方式发布新书。

POD 通常作为传统印刷和出版的有力替代品而广泛销售。需要注意，POD 打印商和 POD 发布者之间存在差异。POD 出版商通常提供基本的文件准备、设计和编辑服务。然后，有线上订单或书店的特殊需求时，POD 出版商通过 POD 打印商制作书籍。你可以视 POD 出版商为中间人和服务提供商，也可以直接联系 POD 打印商。在决定是否继续选择 POD 出版时，请考虑以下事项：

- 与许多电子书出版商一样，大多数 POD 出版商都不管作品的质量。这可能导致媒体和图书行业对书籍的负面评价。
- 在大多数情况下，POD 图书在书店的储存量特别少。通常，如果读者想要特定的 POD，他们必须从书店或在线订购。这使得 POD 成为专注于在线推广的作者的一个很好的选择。

- 从书店订购制作的读者通常很少，最常见的情况是，读者购买的是现货，没有现货就从喜欢的在线书商那里订购。
- 在与某些 POD 出版商合作时，你可能需要为内页排版和封面设计付费，但你却不拥有排版以后书籍的版权。换句话说，如果你放弃旧的出版商（或独立承包商），选择了新出版商，你可能无法带走所需的文件或高分辨率文件，因此你得再次为内页排版和封面设计付费。

与 POD 出版商不同，POD 打印商通常不提供设计、编辑或其他出版服务，但它们非常有价值，特别是在打印的书籍潜力不足或未知的情况下。

如果你急需一些复印件，好的 POD 打印商周转时间无比灵活。但是，如果你的目标是在全国发布图书，则应考虑以下事项：

- 如果你预计的销量超过一千份，使用传统的胶印机，单价成本会降低很多。
- POD 打印机的技术和功能不如胶印机多，所以你的设计和制作将仅限于基本的规格。
- 在数字出版中你需要考虑的主要问题是，它们能否为你在特定市场提供最佳的机会。许多出版商（包括格林利夫出版集团）

将数字出版用于专营市场或重点市场的项目，采取标准格式。但出版商通常会为寻求大规模分销的作者推荐传统的印刷和销售渠道。

- 运输和仓储是另外需要考虑的因素。对传统印刷品来说，需要找地方存放书籍，根据条款的不同，你还可能要承担运费。使用POD，一切都是数字化的，因此可以降低这些运输成本。
- 按需印刷技术发展迅速，但大多数POD仍受非标准格式和设计效果的限制。
- POD和数字打印机的周转时间较短，通常为两周左右。而传统胶版印刷通常需要的时间，平装本4-5周，精装本则是6-8周。

现在你已经了解了不同选择以及各自的优缺点，接下来你需要评估自己的技能、目标、项目和预算，以确定哪种方法最适合你。

无论你选择哪种方式，保护自己至关重要，你要多做功课，花时间权衡利弊，分析每个选项帮助你实现短期和长期目标的优势。

出版书籍是建立品牌中明智而关键的一步。虽然发布图书的方法有多种，但没有绝对的正确或错误。每位作者都有不同的目标、资源、内容，甚至勤奋程度也不尽相同。花点时间仔细思考一下，在出版中什么事是你需要优先考虑的，以确保上市的方法与你作为作者的目标完全一致。

假设你的书卖不出去

有没有想过如果出版商决定将你的书退出市场，那么在全国各地出版商仓库中那些还没卖出去的书将会怎样？

出版业的古怪行为之一是图书是可以退货的。这就意味着书只有在书店卖给消费者后才算真的售出。短期内，如果一本书在60天或更短的时间内没有通过实体渠道销售出去，那么书就有可能会被退给出版商或分销商。这可以说是一条回头路，它能取消所有售卖行为，实际上出版业成了寄售商业。

从长远来看，这种做法将大部分风险转移给了出版商或分销商，因为书店可以在出现滞销迹象的第一时间就清空库存。从某种意义上说，这很好，因为这种做法帮书店转移了售卖潜力未知作品的风险，但从作者承受的额外压力来看，这也并非好事，因为作者得在书被弄得破破烂烂送回仓库之前拉动足够的需求把书卖出去。

简而言之，表现不佳的书就会被"解雇"。"解雇"书的并不是那些花费数周时间设计怎样获得媒体关注的工作人员，而是那些毫不客气地将有特色的演员赶下舞台的看客。

为了方便大家理解，我要澄清著作和图书之间的区别。在出版业中，著作是指个人的知识产权作品。图书则指这部著作的印刷版本。所以我们可以说一部著作可以被印刷成两万本图书。

出版与大众的品位一样难以预测。如果出版商掌握了一定能成为受众心中畅销书的秘籍，那他们绝对会发家致富。但现实情况是，出版行业受制于许多他们无法控制的因素。

出版商可能会在他们的产品线中寻找具有潜力的新内容，并考虑作品的质量、可比标题的表现（公司名称、行业用语）、作者的平台、营销策略、销售代表的初步反馈以及当前社会关于这个主题的讨论，以确定是否要冒险出版一本新的图书。如果所有的迹象都显示"出"，那么出版商会聘用专业的编辑人员对作品进行改进，最终确定营销策略，从兴奋的销售代表那里寻求估价，并大量地出版这本书。到目前为止，看上去都不错。

不幸的是，公众和市场变化无常。公众对于传记或社会议题的看法可能会转变；同类型的作品可能会同时发布，又或者你的书就是无法得到媒体和受众的喜爱。出版在某种程度上是一种猜谜游戏，我们可能在某些地方就猜错了。

当出版商的库存过剩且缺乏销售动力时，廉价出售至少可以收回一部分生产成本。廉价出售指的是通过与图书批发商讨价还价，把多余的库存书批量卖给他们，然后批发商再将书转售给书店。这些书也可以少量直接卖给书店，即所谓的"白色销售"。一般而言，根据独有的购买协议，廉价出售的价格一般连标价的一折都不到。现在市场严重偏向于"足球妈妈"——她们重视园艺、旅游、烹饪、生活方式和养育子女。

作为廉价出售的书籍通常会绝版或者被打上条形码,防止以全价退给批发商和零售商。

在出版的过程中,这些信息在很多方面都很重要。首先,为了让你的作品实现更多的销售,请考虑保留分销权并不要在主要出版公司下发布,以便你可以更好地决定产权保留多长时间。其次,请记住市场很饱和,你有很多竞争对手。实现产品的价值,保持产品的独特性和质量,并在合适的营销活动上进行投资。第三,你要意识到那些被放弃的书也在和你的书同台竞争,但是价格只有你的几分之一,然后重读一下第二点。

好好准备,提前谋划,争取一鸣惊人,不停再版!

充分了解自己的每一个选项

选择适合你的优先顺序和目标的出版模式很重要,因为这样做能保证出版过程中你的内容源源不断地生产。通过尝试从传统出版商那里夺回权利的过程,你可以选择自己发行,虽然这意味着需要相当长的时间,也可能会在售卖过程中失误。另一个方向是选择自助出版,然后达成传统交易以获得更广的销售渠道,如果你的书一开始表现不佳,这么做就可能是个挑战了(尽管确实有人这么做了)。

无论如何,你在整个出版行业中的选择确实有很多。每种模式的运行方法已经固定了，如果你对你的选择不满意，退出现有的模式，进入另一个可能会花很长时间。越来越多的作者在出版行业内的参与度越来越高，在这样的商业模式中一本又一本地出书，这对他们是有利的。

当你在探索不同的出版方式时，要记住包括数字出版在内，需要找出吸引你的方法和合作伙伴，这样在你下一次出书时会更方便简单。这样做的价值在于，出的书越多，这个过程就会越简单，与我合作过的作者们都是这么说的。

12 实现内容价值最大化

市场上的好产品永远不嫌多，但坏产品却充斥着市场。

——亨利·福特[①]

---

① 亨利·福特：福特汽车创始人。

通过对多年合作过的意见领袖的观察，我注意到了一个与他们的内容有关的奇怪趋势：他们通常认为自己生产的内容很少。当然，这些作者其实只需要一点刺激就一定能生产出令人印象深刻的内容，包括演讲、视频或者积累的以后可能会用得上的故事。有些想法可能还不足以出书，但可能会成为一篇有趣的博客文章或杂志文章。某些想法对一本书来说又太丰富了，需要分解成更清晰、更明确的主题。这样一来，他们就遇到了与一开始相反的问题——内容太多，并且不知道如何战略性地将其用于构建信息、受众和品牌。

如果你也属于这一类别，请不要担心，因为我们有一个评估这些不同想法和内容的流程，以确保对其进行最佳和最有效的利用。

创建内容清单

在将内容删减为可供使用的优质材料之后，请按照长度对其进行简单组织。基本指导原则是把可以缩短到 1000 字以内（音频或视频不到两分钟）的内容作为短内容；中等长度内容的为 1000~40000 字（音频或视频不超过十分钟）；长篇内容为40000字（音频或视频超过十分钟）。此处的长度指的是受众的"观看时间"，这样你就能根据耗时确定该在什么平台发布了。博客的读者期待快速又简洁的作品（短篇），而图书读者准备给你几个小时的时间。

短内容

短内容包括社交媒体上的状态、博客文章和短视频，它提供了一个让你测试受众会不会喜欢你的想法的机会，特别是在你不清楚受众喜好的情况下。在与社群里的人进行内容方面的交流和互动时，请留意哪些主题的评论、分享和点赞最多。时间长了，你就可以摸索出他们的喜好。短内容也是建立社群的重点。短内容可以给你提供发布中等长度和长篇内容视频的灵感。

中等长度的内容

中等长度的内容，包括较短的电子书、文章、视频教程等，通常在数量上占据了大多数。虽然受众通常期望短内容是免费的，长篇内容再付费，而中等长度的内容是一个灰色地带，有很多机会和发展潜力。如果你的目标是提升品牌知名度或是和受众建立联系，那么中等长度的内容可以帮你达成这个目标。格林利夫出版集团的作者梅丽莎·罗德里格斯在她有关听力损伤的书《倾听生活》中就做得非常出色。她用鼓舞人心的故事帮助听障人士及其家人应对听力损伤所带来的破坏性影响。该书引导读者访问她的个人网站以获取更多资源，其中有三种受众还可以获得独家内容下载：听力损失的个人、听力损失者的亲人以及医生和医疗保健从业者。梅丽莎对帮助人和传播品牌知名度更感兴趣，因此她让读者在不用注册的情况下就可以享受到这些服务。试想如果加强和受众的联系对她来说更重要，那么读者必须先订阅她的实时通讯才能访问她所提供的其他内容。

中等长度的内容也非常适合用于提升销量或作为捆绑销售的组合产品。例如，你可以把几篇文章、较短的电子书和视频捆绑在一起，并将其用作营销推广的赠品、演讲现场观众的奖品、预售时期的赠品等。不要把与你的目标或信息不一致的内容纳入其中。你所有的投入都会对你的品牌建设和你在受众中树立的个人形象产生影响。

长篇内容

长篇内容最普遍的形式是图书（长视频也属于这一类）。与优秀的编辑合作，以确保图书内容达到一定的字数标准。如果你需要增加多余的内容才能达到相关的标准长度，可能需要考虑是否更适合用中等长度来发布，如文章、白皮书或 Kindle Single（亚马逊的页面，用于较短的作品）。另一方面，如果为了长度而必须删减内容，那考虑一下是否可以用其他方式发布。例如，为了长度而删减的案例研究可以作为白皮书的基础。

正如我们在本书"创意"部分中所提到的那样，出于商业上的考虑，图书内容需要达到一定的字数标准，方便最终的成品在书架上罗列展示以及销售。因此如果你选择放弃以书籍的形式发布你的内容，那么内容的字数长度不需要严格遵循出版的标准。

当我们谈论所有类型和所有长度的内容时，需要记住的是：我们是在谈论书籍、电子书、白皮书、博客、演讲平台、流行的社交平台或其他载体上的内容，内容是对话和参与的工具，而不是替代品。最好的品牌围绕伟大的创意建立对话（从而创造影响力）。一旦明确了目标和对话方式，创作有影响力的内容将会变得更容易，并始终如一地支持品牌向前发展。

内容变现

俗话说，对于演讲者和作家来说，内容是王道——但建立一个内容王国可能非常耗时，可能让你疲于向核心受众推广你的内容，甚至在演讲事业发展期间背上沉重的思想包袱。利用跨平台的内容增加收入是明智的选择，但完成这件事需要远见和目标。那么，你该如何使用现有内容为受众创造更多价值？用该内容创建辅助产品是一个好的选择吗？

我们格林利夫出版集团的编辑经过培训，用超出书店书籍的思维创新内容使用的方式，帮助作者和演讲者在多种类型受众中实现内容变现。从这些编辑多年的工作中，我们总结了一些经验，可以帮助你更好地在新结构中展示内容。这种新结构我们称之为附加值内容，你可以利用它在目标市场创造更多价值。附加值内容的好处就像阅读指南、网络研讨会、书籍摘要和工作手册的好处一样明显。

附加值内容可以利用你现有的内容并从中获利。你可以将内容材料定位到关键客户渠道，为个人客户创建个性化内容，并为现有客户提供额外的产品。对于演讲者来说，多样化的产品基础对创造可扩展的收入和持久的影响力至关重要。

除了显而易见的收入效益之外，附加值内容还可以是吸引受众的工具，可以用来作营销。如果读者在机场看到你的书，阅读后很喜欢，最理想的情况是，那个人会雇用你帮助他的公司或组织实施你书中提到的方法，从而实现某种变现。如果这种情况能实现当然很好，实际上，大多数读者可能不会立即采取这一行动。这就是为什么你必须以最佳方式定位附加值内容，让你把被动读者转化成主动读者。例如，在一本关于商业领导力的书的后面，你可以"引诱"读者访问你的网站以获取独家内容，这样你就能获得他们的特定（也就是可查到的）链接或申请代码。在网站上，按受众类型划分，为他们提供一系列额外的学习工具，让他们可以在登录或实时通讯注册后使用。

创建附加值内容的第一条规则是了解你的受众群体。仅仅把已有的内容重发一遍或以不同方式绑定它是不够的；相反，应该考虑每种类型内容的目标受众，并为他们定制合适的内容。

例如，人们普遍认为有三种不同类型的学习者：视觉、听觉和动觉。视觉学习者可以从任何吸引他们眼球的东西中获益，如视频、图表、曲线图。听觉学习者最习惯通过研讨会、网络研讨会、播客和其他交流方式。动觉学习者需要与内容互动，如思考科学实验、体育挑战和角色扮演等活动。你虽然不可能知道你的每个受众具体是哪种类型的学习者，但是对特定的受众群销售时，将现有的内容做些扩展将会特别有效。如果可能的话，让营销人员预测受众群的最佳的学习方式，但要让每个人都知道你希望他能从你的信息中受益，因此这样可以吸引各种类型的学习者。

向你的客户展示一系列旨在吸引其团队所有成员的内容交付格式，将有助于你达成交易，尤其是当内容在主题演讲或分组讨论之外还具有附加价值时。以下是这些类型材料的几个基本类别。

工作手册

工作手册是对内容的补充，它可以让读者按步骤一步一步改进，指导受众开展活动（通常是健康和健身、商业、自我提升等方面）。可以用这种类型的书籍创建符合内容的工作手册，组织开展书中提到的活动,为读者提供全面的资源,让他们真正地应用书中的概念。

通过购买书籍赠送工作手册,可以让读者有在网上购买书的冲动,因为你为这些读者提供了独家增值的附加内容。

如果你召开研讨会,也可以单独向与会者销售工作手册,或将费用包含在注册费用中。或者,你可以在你的网站上发布工作手册的删节版本,还可以把工作手册作为送给实时通讯订阅读者的赠品。

有声读物

数字音频产品是最通用的内容格式之一。与工作手册一样,音频产品可以单独销售或与新产品、高价值产品捆绑销售,从而为你的网站提供独特的价值。

回到有声读物还存在于磁带的时代,有声读物在出版行业中显得微不足道。除非是大名鼎鼎的小说,否则大多数有声读物的销售额只占平装本、精装本的百分之零点几。

但是,随着时代的变化,人们越来越习惯于随时随地听点什么,开车、修剪整理花园时或只是等待时可以通过便携设备收听数字有声读物,有声读物的人气越来越高。据美国音频出版商协会调查,2016年有声读物销售额已连续3年增长20%。

如果有声读物的版权在自己手上,那么制作有声读物可能相当简单(如果出版商拥有这种权利,他们将代表你制作有声读物或将卖给单独出版有声读物的出版商)。不论你自己想不想读它,我都强烈建议你寻求专业配音演员来读。他们可以恰当地发声,这样听者就不会被声音质量或词汇模式所干扰。你可以在有声读物制作公司选择专业人才,或者在相关平台热门节目专区选择你的合作伙伴。

一旦选择了配音人员并成功进行了录制,制作公司会根据商业标准进行编辑和调整。大多数有声读物是以电子版本进行销售的,因此MP3文件可能就够了。但是,如果你计划将有声读物放在网站上销售或将其包含在演讲活动中,那么像CD这样的实物产品可能是产品组合的很好补充。

在吸引听众方面,虽然新的音频媒体服务平台正在兴起,但Audible.com(亚马逊旗下产品)目前是美国首选的有声读物零售商。Audible.com还为你提供了一个名为ACX(有声读物创作交换)的页面,此页面可以让你找到配音人员和获取制作服务,并提供自助服务工具,以便在Audible.com上上传和销售有声读物。

作者问答(Q&A)

问答部分通常放在图书背面。要创建问答,你所需要做的就是准备一份与图书内容和读者相关的问题和答案列表。通过分享个人详细信息并向读者揭示创意发展背后的创作过程,可以鼓励读者更多地参与进来。作为奖励,作者和演讲者可以将问答作为宣传活动的一部分。许多营销人员在线上和纸媒上设立问答版块，以便为新闻、广播和电视媒体记者提供他们感兴趣的问题和故事。

问答也可以为即将出版的书或项目试试水，有时仅仅回答一个关于你（作为作者）目前可能正在做什么的问题。如果读者有足够的兴趣来阅读作者问答，他们可能会寻找你的下一本书。在问答部分为你的下一本书种下一颗有趣的种子，这会让读者对你的下一本书感兴趣，并有助于为下一本书构建受众群。

测试

测试是吸引受众并建立自己作为专家个人形象的好工具。测试可以包括在书里，但通常发布在互联网上会更有效，你可以使用它来捕获客户数据、不断变化的趋势或行业观点。测试可以采取问卷调查的形式，你可以将图表、曲线图和实时调查结果放到网站中，以便为粉丝提供有关他们的统计数据。

你如何激励读者完成自我测试？考虑在社交网站把做测试作为赠送书籍的条件。

培训指南

培训指南通常是一个单独的出版物，是信息类书籍的补充。作为书籍内容的补充，它应该提供一周或半天的研讨会方法，可以用于个人或组织。培训指南通常包括概念摘要，实施概念时需要考虑的问题以及团体和个人的活动。

培训指南的使用方法有很多：作者或演讲者自己的培训或辅导计划的材料、演讲者培训的组成部分、读者购书时获得的奖励，或单纯用来售卖提升销售额。

图书摘要

顾名思义，图书摘要提供了一本书的简短概述，为没有时间的读者提供的关键要点，而且有很多"非官方"的图书摘要。

格林利夫出版集团的作者会不时地在亚马逊上出售图书摘要，这引起了我们的注意。这些摘要的封面不像我们已经出版了的书，出版公司也不是我们，并且包含了作者从未授权的内容。在进一步的研究中，我们意识到这些图书摘要不仅仅是面向青少年英语学生销售的公共领域经典书籍，这些制作团队在密切仔细地研究非虚构畅销书，然后迅速制作出图书摘要，触及要点和主题，但不直接引用过多的实际内容。

显而易见，这种方式并不可取。这些公司未经允许就制作摘要，原作者并不能平等地参与进来。读者也不清楚该摘要不是"官方的"，是不是真的与作者的书籍有关，这就意味着某些与原作者相关的内容可能未经作者授权。

面对这个问题，我们迅速调整了战略，决定开始制作我们自己的摘要，并将其标为"官方摘要"，原因有以下几个：

第一，我们的作者要通过充分利用、扩展内容来获取最大价值，所以如果不制作我们自己版本的摘要会使他人有机可乘。我们需要旗帜鲜明地声明自己的主权，以防他人乘虚而入。

第二，由于我们在构建作者平台及获得声誉方面已经付出了巨大的努力，如果摘要编得不好将会使一切努力付之东流。

第三，经过实验，我们意识到虽然图书摘要的销量并不大，但确实有一定价值和意义。作为寻找潜在客户的工具，一本短小精悍的摘要手册，不仅可以让读者有足够的材料回顾你的作品，进行思考，还能让你保持头脑清醒，特别是在会议这样的情况下，给每人发一本完整的书可能有点大材小用了。

内容分块和社交媒体

从书籍或演讲中摘取有用的内容就可以轻松地为博客和社交媒体创建素材。通过分享你心中的"前十排名"、解决问题的操作步骤、复杂概念的详细解读、针对常见问题的提示和建议，可以让博客成为绝佳的营销工具。

另一个需要考虑的选择是，将内容重新用于"解决问题"类演讲。创建内容后，你可以将演示文稿上传到 SlideShare.net，SlideShare.

net 是世界上最大的演示文稿共享网站。意见领袖在互联网上分享内容——不论是通过博客、视频共享网站还是演示文稿共享社区——都可以建立品牌知名度并立即提升他们的在线知名度。

显然，有很多方法可以将材料重新用于收获新的收入和受众群。当不知道从哪儿开始时，可以思考你现有的内容类型以及你最得心应手的展示方式，然后评估读者最喜欢的材料类型。如果他们还没有告诉你，可以问他们，这样读者和你都会从中受益。

捆绑产品以提高在线销售量

亚马逊网站每天要卖出大量的书籍和其他商品。他们每天都在争取顾客，为此他们为顾客提供了大量的产品，并且经常会大幅打折，好让你清空购物车。书籍打折的频率和幅度常常是最大的，这种情况通常会给刚进入出版行业的作者敲响警钟，因为他会突然意识到，那些曾经在作者个人网站上购买书的读者，现在可以在亚马逊上更快、更便宜地购买同一本书。

亚马逊对书籍打折出售通常由亚马逊自己决定，并不影响作者从出版商那里获得稿费，但却会影响作者其他平台的销售。然而，重要的是要记住，读者也分为两种类型——只想购买这本书的人和那些正在寻找更深层次体验的人。如果也可以在亚马逊上购买，那么只想要这本书的买家一般不会从作者个人网站上购买。毕竟你很难与亚马逊这种网站竞争，在他们那儿购买方便省事，能免费送货还能经常打折。然而，买家要是寻求沉浸式的体验则是另一回事。

一些作者避开亚马逊，试图将产品垄断限制在他们的网站上。这是个错误的决定，因为你不可能像亚马逊一样吸引到那么多的用户，也无法提供亚马逊那样的便利服务。

这并不是说你不应该在自己的个人网站上销售产品，而是应该使你的网站销售能够为读者提供更深层体验的产品。可以将本章中所说的附加值材料捆绑销售：如赠送有声书、提供测试问卷或工作指导手册。也可以考虑为读者提供个人指导，或者更好的是，为你的读者提供可以互相协作、相互支持的社区。把播客、样本章节和独家补充内容等作为订阅实时通讯的奖励。无论如何，请在书的后面提及这些可用的信息。

格林利夫出版集团的《纽约时报》畅销书作家希尔扎德·查米恩在他的书《正向力》中就做得很好。他为读者提供网站资源、他可以参与的研讨会主题列表，以及他作为演讲者的信息。对于想要更深入了解本书并将本书的智慧带入自己所在组织的读者而言，这些工具为实现目标提供了完美的桥梁。

你还可以专为批量销售而设计"套装"。例如，"套装"可以包括实体书、有声书下载代码、你主题演讲的DVD、图书摘要以及你为支持你的主题内容而创建的专有图表或程序流程，或者其他任何有关图书的内容。把它们精美地包装起来，这样内容就很全面了，你也可以把价格定得稍微高一点。

你的最终目标是获取读者持续的关注，以增强与读者之间的联系并建立品牌忠诚度。这样做将不仅有助于与亚马逊竞争，还能提升相较于其他作者的竞争力（其他作者是更强大的对手）。另一种通过内容创造收入的流行方式是使用自己的声音。

用演讲赚钱

在本书前面"影响力"部分，我们将演讲视为分享自己的信息并与受众建立联系的一种方式。在提升销量并获取利益方面，演讲也是一种有效手段。《最好的团队获得胜利》一书的作者亚当·罗宾逊于2017年年初出版了一本关于招聘的书。据亚当说，"我们最大的潜在客户现在邀请我们为他们演讲，而不是由我们主动询问他们是否需要演讲。如果没有这本书，那这种情况就不会发生。"亚当在建立意见领袖上的投资得到了回报。

好的产品对演讲者来说是不可或缺的。如果包装精美且内容紧凑，那书籍可以起到强化信息传递和品牌建设的作用。它们为你增强了可信度，可以让你从竞争对手中脱颖而出。不仅提高了曝光度，还带来了演讲需求。最重要的是，好的产品能为读者创造价值。

请演讲者来提高领导力、员工参与度、客户服务和影响力的公司，希望聘请演讲者对公司产生持久的影响。他们觉得，演讲者来为大家上了课、做了演讲，走了一周之后，演讲就会被遗忘，很大程度上他们希望演讲的影响可以被保持甚至加强。

这并不意味着你应该只是为了创造产品而创造产品（在任何情况下都是这样，真的）。你的产品应该旨在为受众提供价值。书籍的篇幅使其成为产品类别中的一个特别的工具，因为它使受众能够深入了解内容并随时都能阅读。

正如本章的附加值材料部分所述，你的书可以作为这些产品的基础部分。但是，如果你需要上的课和你的书籍内容不符，则需要一个新的独立产品。例如，如果你要谈论管理变更，你可能会需要有一个单独的产品，详细论述如何在合并后专门和更深入地处理整合团队。

除了图书之外，你可以考虑采用其他产品格式来补充演讲，包括：

- 带有后续模块的音频程序
- 工作手册
- 在线学习版块
- 网络研讨会
- 提供常规内容或指导的应用程序

- 会员网站或社区论坛
- 周边商品，如生词卡

你应该可以看出来，有各种各样的产品，而且都需要花费时间和金钱来开发，因此要对其在整体中所处的位置进行战略性评估，以便能明智地使用你的资源。

提供在线学习课程

在线学习课程是利用内容建立品牌知名度，并获取收益的另一种好方法。一些作者将他们的在线课程授权给拥有现成受众的网站，还有一些作者选择"贴牌"的方式来开发在线培训模块，这样他们可以通过自己的网站直接作为企业培训计划的一部分来进行销售。《惊讶革命》的作者谢普·海肯是一位客户服务专家，他通过他的个人网站（hyken.com）很好地展示了虚拟互动培训计划。

与书本或案例研究等书面材料不同，在线学习需要不同寻常、互动性更强的内容策略，但你仍然可以使用书籍内容作为课程的基础。

为读者提供更加高级的工具（例如，让员工参与的五步流程），并考虑与教学设计师合作，补充在线授课所需的材料。

不要试图把所有的内容都塞进课上，而不考虑什么能带来有价值的在线学习体验（比如，不要站在镜头前背书，否则你的课程会因缺乏吸引力而被淘汰）。

把现有的内容作为框架，然后在将其转化为强大的新产品时，请牢记以下四点：

讲故事非常有意义

有效的教学可以建立模式，可以通过角色扮演、案例研究、小组活动或其他形式来建立。阅读和死记硬背不可能创造出一种积极的学习体验。

讲故事是建模的支柱。可以使用现实生活中常见的、会发生冲突的角色。比如员工和经理之间的角色扮演，讨论谁工作干得少等问题。

向学员展示你的解决方案——如何解决第一级冲突的，然后重复用以帮助学员理解要点。当然，你可以为每个级别的冲突解决方案设定单独的角色扮演情景。以我们的员工敬业度为例，首先要试着理解员工的感受和动机，然后再指导他们的行动和行为。

作业和任务带来学习应用

主动学习也发生在任务或作业中。可以让读者撰写或参与在线小组讨论，如何处理你设定的场景。他们在本练习中的表现将取决于他们如何使用你所教授的解决方案。此评估可由你或他们的课程同伴完成。

社群提供支持

教师一般以单一方式教学，但学生学习的方式却多种多样。构建社群将确保学生在学业上获得成功，在情感上获得帮助和支持。社群可以是封闭的某个社交网站社群或在线购买了书籍的读者都可以使用的某个软件。

学习小组可以让学生在安全的环境中相互协作和相互沟通，或者寻求帮助、解释概念。很多时候，同学提供的不同的解释或根据他自己的经验所举的例子可能会为另一个学习者点亮明灯。

提供外部资源以增加价值

必要时，使用外部资源来扩充你的指示，并补充你所传达的内容。

回到我们的员工参与度示例，如果事实是参与度是雇用时首先考虑的问题，可以考虑围绕有效的招聘实践提供外部资源。这不会剥夺你的权威，而是进一步表明你对提供高价值产品的承诺。

外部资源的提供方式可以是额外的阅读建议、演讲嘉宾、研讨会、视频等形式。请记住，你的学生对学习新材料有不同的偏好，那么尽量使方法多样化，以便他们接受这种额外的学习。

如果你在自己的平台上授课，就可以自由地按照自己的意愿设计课程，但是你要做到引人入胜。相反，如果你打算使用具有现有用户群的第三方平台，请查看其课程案例和列出的课程要求，并根据这些指南设计你的课程。

与其他内容策略一样，提前了解受众的偏好和目标将有助于确保产品的成功，从而提高品牌知名度和收益。

将你的内容资产授权经营

利用理念来产生收入的另一种方法就是将它授权经营，这意味着你允许第三方使用你的名字、品牌或内容来销售产品或提供服务。授权经营是扩大收入渠道的一种非常有效的方式，它让你能接触到你独自经营时无法接触到的新客户。

授权经营有许多种形式，可以这么说，它要求你拥有足够强大的品牌或内容，让销售商愿意将他的产品与你的品牌挂钩。授权经营是围绕着能给对方的受众带来价值的契合度来达成的。

企业授权

对非虚构作家来说，能够对企业进行授权是值得激动的机会。财务规划专家戴维·巴赫是《自动百万富翁》《起步晚，照样致富》的作者，已经把他关于财务规划的教育内容授权给了世界上的一些大公司。这种想法表面上看是有意义的——你拥有才能，或拥有与企业培训员工或雇用员工方法的相关内容，企业可以把这些相关内容作为溢价提供给客户。

虽然这种授权交易已有成功案例，但通常这种合作只发生在作者愿意为合作的企业定制某些方面的内容以使其产品具有独特性的时候，或是当他们可以将书籍内容与网络研讨会、个人工作室或视频系列等捆绑在一起的时候。否则，企业没有理由购买这些内容，因为整本书已经出版和出售，已经没有可以附加的价值或议价的机会。一些公司还没有设立管理特许经营使用费的部门，因此很难在授权交易中议价和逐利。从长远来看，一次性的预付费用也会让人头疼。

同时提供咨询、演讲或讲习班的作家有时会赠送给每一位受众一本定制书，这些定制书的费用会加到他们的演讲费用中去。这是一种增加价值的好方法，也是一种持久的参考工具（书），以完善您的演讲提案。

为企业定制一本书，可以简单地将企业的名称和标志写在封面，再添加一个简短的前言来解释企业为何要将书中内容提供给客户。这个前言最好由企业内部人员撰写，使书籍内容更贴合企业的理念。

例如，一家银行授权作家为所有新开储蓄账户的客户写一本关于货币管理的定制书。书籍的封面上将会是银行的名字，而银行的 CEO 可能会给读者写一篇前言或一封信，解释阅读这本书的重要性，从而掌握稳健财务规划的基础知识。另外还有一个例子，人寿保险专家托尼·斯图勒与一个金融基础教育者一起创建了一本综合人寿保险和残疾工作手册的联名联合书，该书被授权给一家大型人寿保险公司用于培训。

按需印刷技术使得这些定制版书籍易于管理，快速便捷，哪怕数量不多也是如此。即使你图书的零售版已经和出版商合作印刷成书，这些定制版本，如果不违背你和出版商的协议，你依然可以寻找按需印刷的商家来印刷这些定制作品（并非出版）。

虽然授权的形式不局限于定制版书籍，但这是在这一类授权经营中最常见和最直接的方法。除此之外，一个强大的品牌还可以带来其他的产品授权经营的机会，如儿童图书中相关角色的毛绒玩具，以及畅销书籍相关的棋盘游戏和其他主题化商品。正如你想到的那样，这些通常是为像《哈利·波特》这样的成功作品保留的。

追求授权交易的前提是你有权将你的书授权并按你的想法印刷。你可能有这个权利但也可能没有，这取决于你选择将图书推向市场的方式。

如果你是个自助出版作家，你应该继续自由和清晰地进行下去。混合出版的作家通常拥有这种灵活性，但是由于合作的出版商不同，所以最好提前确认这些权利。在传统出版中，除非你已经提前明确了你的权利，否则如果没有出版商参与，你通常无权这样做，尽管如此，出版协议也会因作者而异。

对培训师进行培训

许多作家成功地启动了演讲生涯去讲述自己的专有框架、方法，等等。正如我所说的，这将是可以使你的创意变现的方式，但是这种方式只能通过你自己来传递你的思想，作为一种商业策略，它是不可扩展的，而且最终你会因奔波劳碌而疲惫不堪。

这里还有一种方法，就是围绕你的创意，建立一个强大的品牌来增加收入。一旦你这样做，你可以考虑利用"培训—培训师"模型，或多或少地将你的演讲内容授权给别人。

畅销书作者如马库斯·白金汉、梅丽莎·哈特威格和杰克·坎菲尔就是使用"培训—培训师"模型培训出了一批培训师，并授权他们使用内容来传达自己的理念。在大多数情况下，这种模式就像一个特许经营系统，加盟商加盟成功品牌并负责指定区域的经营。

这种方法线上和线下都能使用。线上的方式在直接面向消费者的项目中更为常见，而你的培训师（被许可者）通常被称为提供更深入指导和支持的教练。罗伯特·清崎的"富爸爸培训"（基于他的《富爸爸，穷爸爸》系列）就是这种方式的一个例子。

线下方式包括培训师或协助人员，他们通常在研讨会现场将你的理念传达给客户，随后通过电话或电子邮件跟进。

在大多数情况下，该模型包含了许可方和被许可方的收入份额，并且被许可方必须遵循相关内容传递的既定准则。

在其他情况下，受训者只是在培训师系统中获得培训师认证，并获准使用该品牌，但必须在培训中发展自己的商机。在后一种情况下，受训者被期望一次性支付培训费来获得认证（并且可能还有每年的认证续签费），但由于他们不享受专属指定地区或市场的利益，因此他们开发的业务收入份额很少甚至没有。

在这两种模式中，知识产权应由你自己（许可方）保留。被许可人仅仅被授权传递你的内容和利用你的品牌。在推出涉外代表的辅导或培训计划时，一定要提前拟订一份强有力的非竞争与保密协议，以保护你的内容和品牌。

执行图书摘要的许可内容

有许多图书摘要服务，主要是针对商业图书的。这项服务可以为你创建一本图书摘要，并为企业高管带来明显的附加价值。

正如本章前面所述，大多数图书摘要是在非排他性基础上进行的，这意味着除了处理自己的零售摘要外，你也可与他们建立合作关系。

虽然也有一些摘要服务要求支付少量许可费来获得创建和分发摘要的权限，但大多数不会（当然，除非你是一个非常著名的作家）。即便如此，因为授权经营可以带来的大量曝光度，所以仍然值得追求。大多数摘要服务与企业和媒体有内容共享的交易。在企业方面，摘要服务可以为员工（或协会会员）提供特权来扩大你的信息传递范围。在媒体方面，摘要服务与在线出版物和印刷出版物相结合，为读者寻找附加的内容来加重其特点，比如排名前十的榜单。

最后，良好的英文摘要可以被翻译成其他语言或转换成音频格式，将你的名字和创意放在新市场前沿，帮助提升你的品牌和平台。

会员网站

开发会员网站的吸引力有点像运营软件服务业务的吸引力，你只需开发一个数字产品，然后反复销售，而不会增加除了管理和售后服务以外的额外开销。从理论上讲，这是一个非常有利可图、可扩展的业务。对某些人来说，确实如此。

为什么我们没有看见更多拥有会员网站的作家呢？因为很难形成势

头,诸如建立一个健康的订阅列表,然后通过不间断地更新独一无二的内容来维护会员。建立和维持会员网站需要战略性的投入以及疯狂地致力于其主题领域的专家类型,这种类型的专家从不厌倦继续发展专业知识和见解来分享信息。

让我们仔细研究一下如何构建一个用户基数,然后再建立内容的方法。

订阅

如果你已经开始建立一个实时通讯数据库,那么你就会知道说服人们提交自己的电子邮箱地址并非是一件容易的事情。订阅的要求则更多——提交电子邮箱地址,每月缴纳一点费用,或者可能每年缴纳一次。你会需要一个稳固的策略和传递信息的热情来建立这个用户群。根据你的内容找到客户,这个强大的平台的力量一定会有所成就。

与任何产品的推出一样,它会在一开始为会员提供限时的大幅折扣,以建立初始用户的基础,希望这些用户会成为狂热的粉丝和口碑推广者。如果可能,将他们的反馈记录为您网站的销售页面上的背书。来自用户的肯定通常比来自你——网站的创始者的肯定更有用(你的评价并不公允)。退役的海豹突击队队员和海豹健身俱乐部的缔造者马克·迪万在他无与伦比的心智学院网站上做得很好,突出了用户的反馈和价格等级。

在图书发行期间使用的一些促销方法可以在订阅网站上重复使用。为具有稳定流量的互补性网站提供先睹为快的内容，对他们来说是一种极具吸引力的排他性方式，在为访客提供价值的同时，也帮助打造新产品的知名度。

理想的合作伙伴是和你在同一个业务范围，但不直接竞争。例如，运动营养师可以通过这种方式与运动训练网站（骑自行车、健美等）进行合作。

不要羞于使用你的其他产品（书籍和你拥有的任何其他内容）来宣传你的网站。如果读者喜欢你的作品，那便是说服他们订阅更深层次内容和进行深度访问的最佳时机。那些已经了解你和你的工作的人都是潜在客户。

高价值内容

在你锁定你的订阅用户之前，你应该规划一个你的订阅用户无法从别处得到的优质内容矩阵。网站订阅会员通常可以寻找更快的解决方案（更多地访问资源、帮助等）、更深入的理解（更深入地研究你的专业领域）或责任（实现目标的支持系统）。一些会员网站在会员注册时就开放了对所有内容的访问权限，其他网站则不定时推送（或开放）这些资源，尤其是用户正在学习过程或课程时。《销售红宝书》

的作者销售大师杰弗里·吉特默的吉特默学习学院就是一个很好的例子，它是一个带有课程计划的订阅计划。

你可能包括的资产类型有：

- 深入研究，提供新见解或建议的文章
- 与你或客座专家进行现场问答活动
- 独家专有网络研讨会
- 教育系列视频
- 现场讲座
- 帮助用户实现你的想法的新工具或框架
- 有机会与智囊团接触
- 连接其他社区成员的论坛

你的网站分析将提供宝贵的信息来说明哪些是被使用最多的有价值资源，这会为你未来资产的开发提供一些指导。每月实时通讯是保持品牌知名度的好方法，而且提供了一种宣传新功能和资源的方式。除非你的订阅计划有一个终结点（例如，订阅者完成一个教育模块并成功测试），否则你需要不断地添加新内容。

一些最成功的会员网站把重点放在建立一个有联系的社区上。例如，youpreneur.com 是一个会员网站，为有抱负的创业者提供教育和支持。他们非常重视社区论坛、策划电话，甚至是现场直播的门票。当人们觉得自己是一个更大型活动的一部分，并且可以通过类似的过程或挑战直接与其他人产生关联时，他们会感受到被支持，并且会更加坚定地致力于他们所签约的协议。他们也彼此激励，甚至彼此教导。

如果你觉得会员网站对你有意义，不要过分担心技术方面的问题。会员网站的软件你可以聘请专业人士制作，这个资费并不昂贵，你真正的工作是让读者注册，然后提供源源不断的优质内容。

寻求赞助商或合作伙伴

与外部公司或相关领域的专业组织的合作关系是扩展你的信息范围和影响力的最有效的方式之一。强大的战略合作伙伴关系会让你接触到一个已经建立的平台和一个准备好为你的信息进行传播的"部落"。建立伙伴关系可能需要时间，但成倍提高你与新的受众建立联系的速度所带来的回报，使它值得追求。

例如，我认识的一位作家洛里·马雷罗，他是一位组织专家。洛里·马雷罗的作品向读者推介整理自己家居的方法，他与乐柏美建立了良好的合作关系（他们生产收纳盒），并成为 Goodwill 的发言人（在您的整理过程中，您可能会捐赠从您家中清除的物品）。这种合作伙伴关系帮助洛里·马雷罗极大地提升了可信度，并把他带到了正在寻找需要他这种专家提供解决方案的客户面前。

如何建立和维护这些战略伙伴关系？下面是四个入门技巧：

助人助己

正如在任何关系中，如果只有一方盈利，你的合作关系不会发展得长久，牢固的合作关系是互惠互利的。

站在合作伙伴的角度上考虑问题。他们如何盈利？也许与你的合作关系为他们提供了一项新的服务，会为他们带来客户、推荐费用或有机会向你的受众推销他们的服务。从对他们有利的事情开始，让合作关系变得令人无法抗拒。

优先次序

缩小合作机会以找到那些最有潜在影响力的合作关系，可能是一项艰巨的任务。首先要确定与你服务于同一核心受众的合作伙伴。

举一个简单的例子，并购领域的专家可能会与变革管理专家进行合作。这两个学科是密切相关的，但并不存在竞争关系。同样的情况也适用于运动和瘦身领域。这些专家都有很深的资历，并且在某一领域或专业范围内见解颇深，就像一个经过认证的培训师与注册营养师一起合作。有些时候，服务之间的联系不是很明显，但与客户的共同契合度是显而易见的，比如瑜伽馆与果汁商户进行的合作促销。

培养关系，不要竞争

与"完成一个交易或完成一份文件"的销售方法不同，通过战略伙伴关系发展业务对建立长期关系非常重要。这些伙伴关系可能需要一些时间才能有所进展，因此，在建立牢固人际关系的同时，在合作前期设定期望，可以有效缓解起步阶段的失望或急躁，这是非常重要的。

同时也须考虑到在业务产品重叠的情况下，不与战略合作伙伴竞争的重要性。最好认真、妥善地管理战略合作伙伴推荐的客户，从潜在客户那里抢走生意，会迅速扼杀合作伙伴关系。

避免排他性，预留选择机会

在履行合作协议的条款时，要保护自己与其他合作伙伴合作的权利，以及在合作关系出现问题时可以解除合作关系的权利。

一些合作伙伴会看到你给他们的客户带来的好处，并推动独家协议使得他们的价值也有所增值。这对他们来说是一场胜利，但对你不是。在大多数情况下，坚持自己立场、拒绝排他性更有意义。

同样地，避免陷入具有限制性的长期协议（限制你的退出）。把时间花在处理不能退出的不正常的伙伴关系上，会耽误发展自身业务的时间。

保留退出、解约的权利也可以促使双方积极主动地让合作关系更有效。如果你的合伙人知道只需一个合理的理由，你就可以退出合作，他们会被激励做好他们分内的事，迅速赢得胜利；同样地，你也会这样做。

专注于战略伙伴关系的业务开发团队，会在前期播下种子，并悉心照料和培育，这些种子可以在未来结出硕果。对你的合作伙伴要给予尊重，健康的合作关系会因此而建立，从而提升你的领导能力和收益。

战略性地为你的受众提供产品

显然，当涉及将内容产品化并将其扩展到新的受众时，有很多途径可以探索。一些选项可能对你有意义，而另一些则不然。高度指定的利基内容可能在授权经营时起作用，但在会员网站则不会起作用。对于来自社交平台的主流作者可以巧妙地转化为合作机会，而不适合授权经营。重新审视你正在试图解决的痛点，谁是你的读者，以及他们如何接受内容，找到最适合你的受众。

访问本章提到的一些网站，可以获得更多内容变现的灵感，然后在这方面采用自己的策略进行创作。和你的书一样，启动这些程序是具有战略意义的，瞄准那些能让你接触到更多受众的机会，构建你自己的平台。不管是小到用网站来销售折扣代码，还是决定迎接一个更大的挑战，如创建一个订阅网站，所有这些将你的内容扩展到书本之外的努力，都会为你打通有价值的合作关系，并将长期为你服务。

INFLUENCE AND INCOME

13 不要止步于畅销书作家

快速的决定往往是不安全的决定。

——索福克勒斯[①]

[①] 索福克勒斯：古希腊剧作家，著有《安提戈涅》《俄狄浦斯王》等作品。

带着阅读本书所获得的所有知识问自己一个问题，出书对你来说是正确的选择吗？当然是。

写一本书的好处是很多的。它树立了一面旗帜，让你在自己的领域内成为领导者；它是构建潜在客户的工具，当这种工具被正确使用后，它会是一个收益的来源——你能积极地把它纳入更大的战略和品牌中。

只靠图书销售就发家致富的作家很少见。当然，有些作家运气很好，卖出几十万本书。但作家赚钱的真实原因是：他们的思考已经超越了这本书。

超越图书

一本书容纳了一个作家的思想，售价为几十元左右，作者赚的大部分钱不是来自书本身的销售，而是书带给作者的机会。

专业制作的图书会给你一时的信誉，并为你打开其他收益的大门。对于非虚构作家来说，这本书是你的业务或专业知识的延伸，也是你的商业营销的工具。

提醒一下，除了图书销售，这里还有一些方法可以让你从你的内容中获得收益：

演讲

身为作家的演讲者，在演讲业务中被认为是可信赖的，一位出版过演讲主题书的演讲者，通常会被视为该领域的专家。

教学

无论他们是被邀请还是主动参加，作家经常在研讨会、大型行业会议、大学、继续教育课程、在线和其他地点讲授他们的课程。再次提及，你可以把书的成本摊入课堂成本，或者把它作为必修课的阅读材料让学习你课程的人提前购买。

附加材料

你书中的内容可以被编入教师指南、工作手册、在线学习模块和视频教育系列，以及其他形式。如果你有权利，有创造力，就尽可能使用更多形式向读者传播你的内容，这样你的读者就能找到他们需要的产品。

媒体、组织专家

一本成功的书可以增加你作为媒体、组织的专家或合作者的可信度，这反过来又有助于提升你的品牌价值和知名度。虽然大多数媒体都不会付钱让你上他们的节目，但带来的曝光率是无价的。

现在你明白了——这本书为其他计划奠定了基础。是的，图书销售的成功对任何一个作家来说都是重要的。但是，在把写作和出版图书所耗费的时间计入投资、确定所有投资的实际回报率时，关键是要思考如何超越图书本身，并找到可以利用你出版作家的新身份带来新收益的办法，以此拓展你的平台，为你的创意（和你的书）找出新的出路。

现在是写书的好时机吗

对大多数人来说，写一本书是一项艰巨的任务，也是一个漫长的过程。除此之外，许多想成为作家的人会怀疑他们的想法是否有价值。我希望你能把这本书视作一种可以帮助你向前迈进的资源，但是你可能会质疑这种追求是否值得，因为你的生活中还有其他事情需要忙。你如何知道什么时候该写一本书呢？以下是四个关键要素：

承诺

写一本书需要大量的时间和心力，但是如果一个作家想在商业上取得成功，则需要承诺（参考"品牌定位"对此的定义）促进写作、推动销售。写一本书需要几个月，有时甚至几年。一旦完成，你会面临一个6—9个月的全国发行销售推广（数字化出版显然可以缩短时间，但其可用性有限）。除了外界对品牌提出的建议之外，在创作方面获得支持，也会使作者在创作过程和推广阶段更易于管理。

一个作家应该长远地来看待图书的成功，对创作出深思熟虑的内容和制订出有持久价值的营销计划，这也是必要条件。

差异化方法

如果你对业务、客户服务、健康和保健、产品开发或你所从事的任何专业都有高度差异化的方法，那么写作过程将会顺利得多，因为价值主张已经非常清楚了，而且可能会有很多辅助材料。由于读者和媒体会被新的想法吸引，进而会把注意力和意识放到你的整体品牌形象上，因此图书的发行也会更加成功。

如果你认为你没有这种与众不同的方法，那就重新阅读一下本书的"创意"部分，找到那些针对品牌独特性而提出的建议。当然，有些事情会和你所做的事情有所不同。如果你被困于此，你自己会很难看清自己，向品牌战略运营寻求帮助吧，这样你就可以清楚地了解你的竞争优势。

灵活性

灵活性适用于几种不同的方式。首先，写一本书理想上是一个协作过程，因此作家应该在反馈和改变方面是开放的和可训练的，以使最终产品尽可能地市场化。其次，有时会发现，书的形式并不是表达作家思想的最佳方式。一些原本打算以书籍形式表述的想法其实更适合使用杂志文章、短篇幅的电子书，甚至博客文章等形式。在这些篇幅较短的作品中，认真书写的作品与一本完整的厚书具有同样的效果，而且可能更合算，所以保持简洁没有什么不好。最后，一本书的内容如此厚重，其中包含着不少可以独立用于宣传的内容（如摘录、推文、博客文章等）。灵活的作者会充分利用这些内容，为了让写作发挥最大影响，作者甚至会积极主动地把它们从书稿中摘出来。

参与意愿

十多年来，我一直在出版业的最前线，在更广泛的媒体行业的工作时间，几乎是这个数字的两倍。当作者了解到这些信息并听说我们公司有几十本《纽约时报》畅销书时，他们会问我成功推广的秘诀。虽然我这个爱书人经常说，一本写得很好的书最终会找到读者，但在供应过剩和需求不足的大环境下，这种观点是不正确的（这一点在图书发售中尤其明显，但实际上适用于所有媒体）。

一般来说，最成功的书是那些致力于吸引读者的作家的作品，这些作家会建立社群，目标明确地为读者服务。一本书就是一种社交产品，作家有必要积极参与和读者的沟通、接触，这种接触对增进作家和读者的关系必不可少，这种接触推动了读者口碑、积极评论、强大的品牌联系和零售图书销售。

如果一个作家还没有准备好做这种程度的投入，也并不意味着他不应该静下心来写一本书（或者一些简短的文章）。今天的按需印刷、数字化出版使得任何长度的图书都可以以快速和相对价廉的方式发布和在线观看。创造长格式内容的多重好处依然存在，传统零售书籍发行的压力和风险也随之消除了。这就是说，在阅读了这篇文章之后，你已经了解到纯数字发布模式极大地限制了实体发布（和探索），因此作家明智的做法是咨询专家，权衡数字出版与传统出版或混合出版的利弊，来确定自己的项目和目标的最佳方法。

做出选择

写书并不适合胆小的人，建立品牌和培养读者的过程也如此。有了合适的作者和支持团队，图书可以成为信息传递、营销和宣传工作的基础，而这些正是建立长期品牌意识、价值和影响力所需要的。

如果你的书充分传达了你核心业务的承诺和目的，它可以成为你建立信誉的一个重要工具，并能帮你将那些希望从你的演讲、咨询或辅导服务中获得额外好处的潜在受众吸引过来。一些作者只满足于使用数字出版和线上发行方式，但是如果你希望在机场书店等地方寻找更广泛的实体发行，那么很可能你需要与那些较有资历的出版商或分销商进行合作。

提醒一点，自己做做研究吧！从自助出版到传统出版，以及两者之间的混合模式，有多种出版方式。最适合你的方法取决于你的目标、时间线、作品类型和资源。正如任何其他行业一样，质量也会因人而异，所以你应避免去选择那些不太好走的出版路线。

结论：你的内容很重要

意见领袖的面貌发生了变化。曾经是学者专有的地位，如今的意见领袖在某一专业领域拥有深厚的知识，并拥有强大、精心开发的个人品牌。今天，即使你没能在专业杂志上发表开创性的、经过同行评议的研究论文，你的想法也能产生重大的影响。

意见领袖这个称号不再是被少数第三方（比如媒体机构和大学）授予的头衔。现在，虽然这些第三方依然是很重要的影响因素，但是能直接联系并影响你的受众的能力已经发生了翻天覆地的变化。你已拥有一批等着你提供答案的受众，你需要制订一个计划去联系和影响他们。

一个作家对作品价值的看法可能会因为所投入的巨大精力而扭曲。书的价值与你完成它所花费的时间无关。它的价值在于——你能通过书中阐述的信息和围绕它而构建的体系来影响读者。

那些因自己的劳动而喜欢自己作品的作家，可能落入"如果我写成这本书，读者们就会来读"的陷阱——写书是一项艰苦的工作，所以每个人都会欣赏它并且购买我的书！不，他们不会——必须要让他们知道为什么你的书值得他们花费两周的时间来阅读。你必须写完这本书，并吸引读者，制定能把书与读者联系在一起的营销策略。在本书中我多次强调，作家可以在不介意影响力和收益的情况下，坚持自己的想法，但也可以是以牺牲自己坚实的思想为代价去关注影响力和收益。我们正在寻求三者之间的平衡，因为它们只有互相依存才能取得成功。

如果你不太喜欢写作，那么请寻求帮助。找一个经验丰富的编辑或写作指导，帮助你制定大纲；重新阅读本书的"创意"部分，去寻找一个一起进步的合伙人。如果你是一个内向的人，不喜欢自我推销，请聘请一位专业的营销人员和一个社交媒体运营团队来帮助你提升个人品牌。如果你在商业方面缺乏信心，那么有大量的顾问和资源可以帮助你得到"变现"部分中描述的任何形式的内容。

随着社交媒体的不断发展，我们对志趣相投的社区的论坛访问量也在增加，这种接触使得作家与读者之间有了新的强大的联结，但这种访问也可能将你的目标读者分流。

无论你是在研究图书营销的基础还是社会媒体的影响，故事的力量都是有效营销的关键。书的长度越长（相对其他内容形式），就会给作家更多的空间把故事编成小说，通过例子来教授，并创造令人难忘的场景来帮助读者了解他们的想法。所有这些工具都有助于让作家的内容更具"黏性"，做得好的话，便可以为读者提供行动路线图。

既然您已制订了写作和发布图书的计划，那么您面临的挑战将是从长远角度考虑其成功与否。6个星期的提升不足以维持你的领导力和影响力。当然，6个星期的提升是重要的，但应该采取更多的举措或方法来保持势头并不断前进。

例如，在"变现"部分的第十二章中，我们介绍了许多可转换的格式（比如工作手册）。这些格式可以在书的编辑过程中开发，或者你可以在成书以后开发它。它取决于你写更多材料的精力水平，所以如果到了"想到多写一个词就反胃"的地步，那么请寻求帮助。

如果你已经出版了自己的书，并希望尽早知道一些关于后续推广的信息，那么一切都会朝着对你有利的方向发展。有些作家会继续做一些全新的工作，但是根据你的具体情况，以不同的形式重新发布（比如，你先发布精装本，再接着发布平装本），或者更新内容做第二版还是非常有意义的。在这两种情况下，新版本将会有一个新的ISBN（International Standard Book Number），零售商也会把它视为新产品。这有点像信用——比起有销售疲软历史的旧产品（不良信贷），没有销售记录的新产品（没有信用记录）更容易引起媒体或零售商的关注。

新版本也带来一个更新封面的机会，第一版的任何积极强大的评论、受到的奖励或背书都可以物尽其用。同时还要考虑到读者反馈，尤其是在他们困惑或认为需要更好的支持的领域。所以改版是完善图书的一个绝佳方式，可以确保它按照你的意图更好地为读者服务。

在任何阶段或迭代过程中，你有机会再次使用本书"影响力"部分中提到的战术。出版图书可以让人们有可聊的话题，可以创造有价值的品牌形象，让你能被自己努力建立的受众持续关注。

在经营出版公司的过程中，我最喜欢的事情之一就是听到我的作者的书如何影响其他人的生活。我确信只听到了其中的一小部分，但是当作者把读者的电子邮件转发给我时，他们并不知道自己分享那本书是如何改变他们生活的故事，会让我起鸡皮疙瘩，那是与众不同的感觉，那就是得到回馈的感觉，那就是写一本书的自豪感。

现在轮到你了。如果你需要我，重读一遍这本书或是本书的某一部分，请访问我的网站（ideasinfluenceandincome.com），或者直接在社交媒体上和我联系。我是来支持你的，我很感激你的关注，我已经等不及喝香槟来庆祝你的新书发布了。

致 谢

可以想象，写这本书的过程本身就是一种学习经历。不论是过去还是现在，如果没有格林利夫出版集团充满激情、才华横溢的团队来支持，我不可能做到这一点。

我知道写书能让我更好地理解和欣赏作者正在积极经历的写作过程，从这个角度来说我成功了。这次写作，让我对作者有了新的尊重和理解，而不仅仅是简单的共鸣。参与我图书制作的团队——内森·特鲁、林德赛·克拉克、布莱恩·菲利普斯、尼尔·冈萨雷斯和柯尔斯顿·安德鲁斯——你们耐心细致、才华横溢，你们所做的一切工作都令我由衷地敬佩。当然，我的书能大致按计划行进并不是因为我，而是要归功于我们的制作总监嘉莉·琼斯对本书一直以来密切的关注和支持。她用一贯的坚定立场，但又无比耐心地和我讨论这本书。嘉莉，你神圣又珍贵。

本书没有感谢负责媒体和发布的团队，只是因为我在写此篇文章时还未与他们合作。没法在这里提到他们我深表遗憾，因为他们的工作很关键，非常值得肯定！科林·福斯特，你是摇滚明星和营销女神。史蒂夫·埃利萨尔德，哪家书店买家能对你说出"不"字？感谢你们俩为把我的书以电子版和纸质版同时推向世界上的其他国家而做的努力。

有很多人在这个过程中为我保驾护航，排忧解难。艾米丽·里昂，谢谢你一直为这本书忙前忙后，帮助推进各种各样的事。你的支持和聪明才智在完善这本书方面发挥了重要作用。克莱尔·杰奇，感谢你满怀热情地精心打磨书稿。苏扬·特里维迪和布莱恩·古德温，感谢你们都幽默而耐心地回答了关于出版法律方面的所有问题。

最后，也是最重要的，要感谢范姆·博伊，你让我成为更好的人，谢谢你为我所做的一切。